나를 깨닫는 일기 쓰기의 힘

스스로 생각하고
싶은 너에게

나는 있는 그대로의 나 자신을 좋아하고 싶었다.

내 이름은 문어도리.

학교에서는 가끔 '삶은 문어'라고 불린다.

긴장하면 얼굴이 새빨갛게 물들기 때문이다.

나는 공부도 못하고 운동도 못한다. 말솜씨도 없다.

그 때문에 중학교에 올라온 뒤로 내내 괴롭힘을 당했다.

끝나지 않는 밤은 없다고, 누군가가 말했다.

'아무리 힘들고 괴로운 나날도 언젠가는 끝난다.

아침은 반드시 밝아 온다. 그러니까 힘내서 견뎌라.'

아마 그런 의미의 말일 것이다.

중학교는 3년이면 끝난다. 언젠가는 졸업한다.

하지만 그 3년은 지금 나에겐 영원이나 다름없다.

그런데 끝나지 않는 영원을 참으라고?

자기가 뭘 안다고 그렇게 아무렇게나 말하지?
나는 내내, 그렇게 생각했다.

한 통의 편지로 그해 여름이 생각났다.
고작 열흘 남짓한 기간이었지만,
너무나도 힘들었던 내 하루하루를 구해 준 그 시간이.
공원 한구석에서 우연히 만난 소라게 아저씨.
아저씨는 내게 가르쳐 주었다.
영원 같은 혼자뿐인 밤을 어떻게 지내면 좋은지를.
나는 마음의 긴 계단을 내려갔다.
말의 불빛이 비추는 계단을 끝없이.
아저씨라면 분명 이렇게 말할 것이다.
'끝나지 않는 밤은 없다.
혼자뿐인 밤을 지나 아침을 맞이하러 가자.
아침이 너를 기다리고 있다.
그러니까, 자…….'

Samishii yoruni wa pen wo mote
Text Copyright © Fumitake Koga 2023
Illustrations Copyright © Narano 2023
All rights reserved.
First published in Japan in 2023 by Poplar Publishing Co., Ltd.
Korean translation rights arranged with Poplar Publishing Co., Ltd.
through Amo Agency

이 책의 한국어판 저작권은 AMO에이전시를 통해 저작권자와 독점 계약한 미래엔에 있습니다.
저작권법에 의해 한국 내에서 보호를 받는 저작물이므로 무단 전재와 무단 복제를 금합니다.

나를 깨닫는 일기 쓰기의 힘

스스로 생각하고 싶은 너에게

글 고가 후미타케
그림 나라노 | 옮김 권영주

Mirae N 아이세움

차례

소라게 아저씨를 처음 만난 날 14

1장 '생각'과 '말'의 거리

말을 하면 왜 마음이 개운해지지? 36
'말 거품'과 '말 해파리'를 아니? 41
'생각'과 '말' 사이의 거리는 각자 달라 45
아무에게도 할 수 없는 말은 누구에게 해야 할까? 48
글쓰기는 나와 대화하는 것 51
글쓰기와 말하기, 무엇이 다를까? 54
사고하는 건, 답을 찾으려 한다는 것 59
우리에게는 '지우개'가 있어 62
내 마음의 긴 계단을 내려가면 66

2장 나만의 던전을 모험하려면

거짓말이 섞인 글쓰기 72
글이 마음으로부터 멀어질 때 78
말을 급하게 정하면 안 되는 이유는 80

언어폭력은 왜　87
있었던 일이 아니라 생각한 것을 써 봐　92
혼자 있는 시간은 때론 진정한 나 자신이 되는 시간　97
'나'라는 던전을 모험한다는 것은　101

문어도리의 일기　108

3장 내 일기의 독자는 '나'

쓰려고 하면 오히려 쓸 수 없어　112
네 기분을 스케치해 봐　116
특정한 순간부터 하나씩 떠올리기　122
'그때의 나'에게 질문해 보기　126
사고하지 않는 게 그렇게 나빠?　130
대화의 90퍼센트는 '대답'　134
혼자만의 시간에는 '대답'이 필요 없어　139
대화에서 '승패'를 겨루지 않기　141
우리를 이어 주는 것　144
내가 쓴 일기는 누가 읽을까?　148

문어도리의 일기　154

4장 모험을 위한 준비를 마치면

어떻게 하면 글쓰기를 좋아할 수 있을까?　166

말의 색연필을 늘려 가기　171

세상을 느리게 재생하면　178

말의 그물코는 촘촘하게　187

메모는 '편지'처럼　192

큰 그릇의 음식을 작은 그릇에 나누면　196

뭐랑 닮았을까?　200

자신만의 주제를 발굴하기　202

모험 지도는 어디에　206

> 문어도리의 일기　210

5장 일기를 쓰는 진짜 이유는

아무한테도 할 수 없는 말은 자신에게도 할 수 없어　220

일기에 불평불만을 쓰지 않으려면　224

고민을 둘로 나눠 사고하기　230

일인칭을 삼인칭으로 바꾸면 233
일기 속에서 태어나는 '또 하나의 나' 238
문어도리의 일기 246

6장 '쓰는' 일기에서 '읽는' 일기로

일기를 계속 쓰게 하는 힘 260
서로를 이해한다는 건 264
그저 쓰고 버려지는 일기라면 269
비밀스런 기록에서 비밀스런 읽을거리로 273
뒷이야기가 궁금하니까 275
모든 것은 잊고 나서부터 시작돼 278
문어도리의 일기 282

에필로그 288

소라게 아저씨를 처음 만난 날

'바닷속 중학교'에 문어는 나 하나뿐이다.
오징어, 게, 도미와 해파리,
그리고 해마까지 있는데
문어는 나밖에 없다.

왜 나만 문어인 걸까.
어째서 나는 문어로 태어난 걸까.
어렸을 때부터 내내 그런 생각이 들었다.

문어만 아니었어도 이러지는 않았을 것이다.
수업 시간에 선생님이 나를 부르기만 해도
나는 일어나 허둥지둥 교과서를 뒤적인다.
애들 시선이 순식간에 내게 집중된다.
'진정해, 진정해, 진정하자.'
아무리 반복해 되뇌어도 순식간에 얼굴이 빨개진다.

"삶은 문어다!"
야구부인 날치나가 나를 보고 큰 소리로 말하면
반 애들이 모두 와르르 웃는다.
"쯧쯧! 그만 웃고, 조용!"
선생님은 삼각자로 교탁을 치며 주의를 준다.
이렇게 되면, 문어인 나는 아무 말도 할 수 없다.
무슨 말이라도 하려고 입을 열면
입가에서 먹물이 새어 나오기 때문이다.
그러면 나는 더 새빨개진 얼굴로
애들 웃음이 그치길 기다린다.

그럴 때면 늘 똑같은 말이 머릿속을 맴돈다.
왜 나만 문어인 걸까.
어째서 문어로 태어난 걸까.
왜 나는 다른 애들처럼 될 수 없을까.
문어도, 나도
진짜 싫어 죽겠다.

 점심시간이 되면 남자애들 대다수는 운동장으로 뛰쳐나간다. 그러면 방과 후 활동을 하지 않는 곰치고와 붕장어조, 나까지 이렇게 셋이 교실에 남는다. 우리는 책상 두 개를 맞붙이고 어제 본 텔레비전 내용이나 시(Sea)튜브, 좋아하는 만화 이야기를 한다.

 "문어도리, 너 어제 그거 봤어?"

 긴 목을 쑥 내밀며 말을 거는 곰치고는 좀 친한 척하는 버릇이 있다. 게다가 날치나나 다른 애들 앞에선 얌전하면서 셋이 있을 때면 대장 노릇을 하려고 든다. 얘들이 내 친구가 맞나? 이런 관계를 친구라고 불러도 되는 걸까? 잘 모르겠다.

초등학생 때는 진짜 친구라고 말할 수 있는 친구가 있었다. 그런데 중학생이 되니 내 곁에 곰치고와 붕장어조가 앉았다. 다른 애들은 아무도 앉아 주지 않았다. 그래서 하는 수 없이 얘들과 같이 있게 됐다. 하지만 그뿐이다.

창밖을 보니 날치나와 다른 애들이 운동장에서 공을 차고 있었다. 할 수만 있다면 나도 저렇게 되고 싶었다. 학교에서 겁먹거나 주뼛거리지 않아도 되는, 선생님에게도 인정받는, 누구에게도 놀림받지 않고 차라리 누군가를 놀리는, 학교에 오는 게 즐겁다고 생각할 수 있는 그런 애가 될 수 있다면 얼마나 좋았을까.

"야, 문어도리! 너도 그렇지?"

곰치고와 붕장어조가 날카로운 이를 드러내며 웃었다. 뭔가 재미있는 이야기를 했나 보다. 나는 억지웃음을 지으며 "응."이라고 대답했다.

체육 대회를 앞두고 그 일이 벌어졌다. 체육 대회는 매년

가을에 열리는 바닷속 중학교 최대 이벤트다. 특히 선수 대표가 전교생 앞에서 하는 선서는 개회식의 꽃이다. 운 좋게도 올해는 우리 반에서 대표를 뽑게 됐다. 나는 당연히 오징어리가 대표가 될 거라 생각했다. 오징어리는 모두가 인정하는 축구부의 전 주장이다. 공부도 운동도 잘하고, 선생님들의 신임도 두텁다. 체육 대회에서는 당연히 이어달리기의 마지막 주자로 뽑힐 것이다.

교단 위에서 게게 선생님이 말했다.

"아침에 말했던 것처럼 우리 반에서 선수 대표를 뽑게 됐다. 다 같이 의논해서 정하자. 누구 추천하고 싶은 사람?"

날치나가 지느러미를 들더니 일어섰다.

"오징어리가 좋겠어요!"

박수 소리가 교실을 메웠다. 팔짱을 낀 오징어리는 싫지 않은 모양이었다. 그 뒤 소프트볼부의 복어보와 역전 마라톤부의 전어조도 추천을 받았다. 둘 다 인기가 많은 데다 선수 대표로 잘 어울린다.

"좋아, 그럼 추천은 그만 받고 다수결로 정해 볼까?"

게게 선생님의 말에 오징어리가 긴 다리를 들더니 일어섰다. 일어설 때 오징어리가 잠깐 내 쪽을 쳐다본 듯했다.

"뭐지, 오징어리?"

"죄송하지만 전 선수 대표 안 하겠습니다."

애들이 작게 술렁거렸다.

"안 한다고? 왜?"

선생님이 머뭇거리며 묻자 오징어리는 큰 소리로 말했다.

"저 대신 문어도리를 추천할게요!"

순간 심장이 멎었다.

"체육 대회에 저 같은 운동부원이 아닌 다른 애들도 참여하면 좋겠습니다."

날치나와 다른 애들이 나를 돌아보며 킥킥 웃었다. 망했다. 또 나를 놀림감으로 삼으려는 것이다. 여자애들이 불안한 표정으로 마주 보았다. 그런데 곰치고와 붕장어조는 놀란 것 같지 않았다. 폭풍이 지나가길 기다리듯 얼굴을 들지 않고 가만히 있었다. 둘은 이렇게 될 줄 미리 알고 있었던 것 같다.

"그래……. 오징어리 말이 맞긴 하지. 체육 대회는 모두를 위한 행사고 모두가 함께 만드는 거니까."

선생님은 짤막하게 덧붙이고 더 이상의 혼란을 피하고 싶다는 듯 "다른 후보가 또 있을까? 친구를 추천하지 않고 스스로를 추천해도 돼."라며 교실을 둘러봤다. 다들 두리번거리기만 하고 손을 드는 애는 아무도 없었다.

"자, 더 없으면 투표 시작한다."

게게 선생님이 부글부글 거품을 물며 소리쳤다. 선생님의 목소리는 왠지 모르게 도움을 청하는 것처럼 들렸다.

투표 결과, 나는 복어보와 세 표 차이로 선수 대표가 됐다. 날치나는 의자에 올라서서 배를 잡고 웃었다. 복어보 주위에 모여든 여자애들 중 하나가 날치나에게 "진짜 재수 없어."라고 내뱉었다. 전어조는 책상을 탁 내리치고는 화장실에 가겠다며 교실을 나갔다. "이거 실화냐?", "이래도 되는 거야?",

"이제 어쩔 거야?" 등 여러 말들이 들렸다. 혼란스런 교실에서 오징어리만 팔짱을 낀 채 조용히 눈을 감고 있었다.

이때쯤부터 내 기억이 약간 흐릿하다.

게게 선생님이 진로 조사 설문지를 나눠 주고는 다음 주까지 내라고 했다. 학부모 면담과 중간고사, 그리고 최근 목격됐다는 수상한 인물에 관해서도 무슨 말을 했던 것 같다. 어쨌거나 게게 선생님의 목소리가 멀리서 들리듯 희미했다.

학급 회의가 끝나자 날치나 무리가 교실을 나섰다. 곰치고의 붕장어조도 날치나의 꽁무니를 쫓아 나갔다.

"야, 문어도리 얼굴 봤냐?"

복도 저 끝에서 날치나의 목소리가 들렸다. 뒤따른 요란한 웃음소리 속에 곰치고의 딸꾹질 같은 웃음소리도 섞여 있었다.

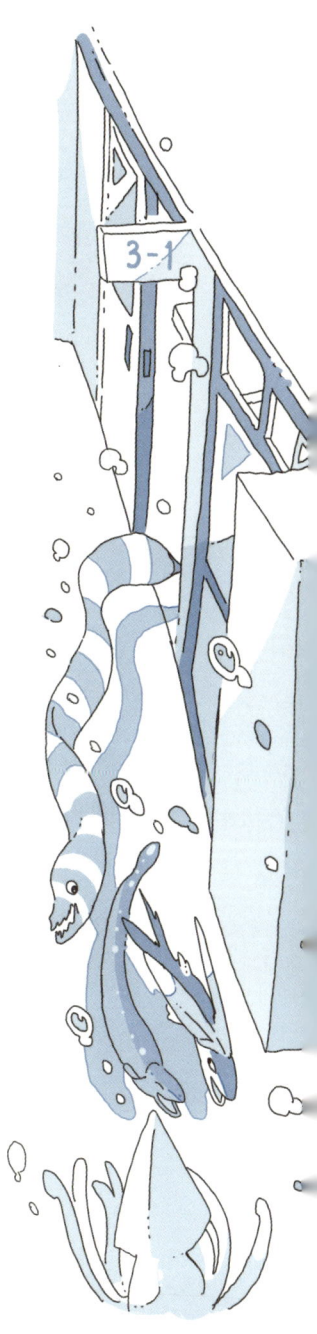

나는 어떤 얼굴이었을까. 언제나 그랬듯, 새빨갛게 물들어 있었을까. 체육 대회 때도 새빨개질까. 애들이 삶은 문어라고 놀리면 어쩌지? 나는 교실에서 혼자 진로 조사 설문지를 움켜쥐었다. 울면 안 된다고 생각할수록 눈물이 솟았다.

　다음 날 아침, 나는 여느 때와 같은 시간에 잠에서 깼다. 보통 때처럼 아침을 먹고 평소와 같은 시간에 집에서 나와 늘 타는 버스를 탔다. 버스 안 분위기는 어제와 조금도 다르지 않았다. 단어 암기장을 보는 학생, 꾸벅꾸벅 조는 학생. 학교에 도착하기까지 얼마 안 되는 시간 동안, 다들 저마다의 시간을 보내고 있었다.
　정말로 여느 때와 같은 등굣길이었다.
　"다음 역은 바닷속 중학교, 바닷속 중학교입니다."
　스피커에서 목소리가 들리고 버스가 서자 학생들이 줄줄이 내렸다. 나도 내리려고 가방에 손을 뻗은 순간, 온몸이 굳었다. 교문을 지나는 날치나가 보였기 때문이다.

'도저히 못 하겠어······.'

학교 앞까지 와서야 비로소 나는 깨달았다. 날치나를 만나는 것도, 그 교실에 들어가는 것도, 애들과 수업을 듣는 것도, 또 삶은 문어라고 놀림을 받는 것도, 이제 더는 못 견딜 것 같았다. 속이 약간 메슥거리더니 배가 따끔따끔 아프기 시작했다. 눈물이 솟았지만 배가 아파서 그런 건지, 다른 이유 때문인지 머릿속이 뒤죽박죽이라 아무것도 알 수 없었다.

"괜찮니?"

버스가 다시 출발했을 때, 옆자리에 앉은 금눈돔 할머니가 내 안색을 살피며 물었다.

"아, 네. 괜찮아요."

"그래? 힘들면 말하렴."

할머니는 더는 아무 말도 하지 않고 큼직한 분홍색 안경을 고쳐 썼다. 오랜만에 친절한 어른의 목소리를 들은 것 같다. 버스는 잡지를 보는 할머니를 태운 채 종점인 '바닷속 시민 공원' 앞에 다다랐다. 도저히 할머니보다 먼저 내릴 수는 없었다.

바닷속 시민 공원은 변두리에 있는 외진 공원이다. 나는 금눈돔 할머니의 뒤를 따라 버스에서 내려 바닷말 덤불을 지나 공원으로 들어섰다. 공원은 애들과 부모들로 가득했다.

덤불 속에서 딱 좋은 하얀 바위를 발견해 걸터앉아 애들을 구경했다. 그네를 타고, 정글짐을 오르고, 공놀이를 하고 있

었다. 내게도 그런 시절이 있었다는 것이 믿어지지 않았다. 나는 아주 오래전부터 중학생이었던 것 같다.

조개폰이 울렸다. 모르는 번호였다. 십중팔구 학교일 것이다. 지금쯤 다른 애들은 수업 중이겠지. 1교시는 수학. 2교시는 국어. 날치나 무리는 오늘 나를 놀리지 못해 실망했을지도 모른다. 아니면 체육 대회 대표 선서 따위는 벌써 잊어버렸을지도 모른다. 어쩌면 내가 결석한 것조차 모를 수도 있다.

칠판을 보는 애들 모습을 떠올리니 가슴 언저리가 쓰렸다. 꾀병을 부려 학교를 결석한 적은 여러 번 있다. 하지만 이런 식으로 학교를 땡땡이친 건 오늘이 처음이다. 여기 있다가 들키면 경찰서에 끌려갈까? 집이랑 아버지 직장에 연락하겠지? 어머니는 울지도 모른다. 생각할수록 머릿속이 복잡해졌다.

나는 바위 위에 드러누웠다. 수면을 올려다보니 햇빛이 반짝반짝 반사되고 있었다. 공원 광장을 뛰어다니는 애들 목소리가 차츰 멀어졌다. 참 기분이 좋았다. 어쩌면 이렇게 조용하고 아름다울까. 이 시간이 계속되면 좋을 텐데.

손에 쥐고 있던 조개폰이 또 울렸다. 아까 그 번호다.

그만해! 생각하기 싫어! 이제 학교에 가기 싫어, 집에 가는 것도 싫어. 차라리 그냥 사라져 버리고 싶어!

"이제 그만 내려와 주면 안 될까?"

갑자기 엉덩이 밑에서 목소리가 들려왔다. 놀라서 펄쩍 뛰자 바위 밑에 커다란 눈 두 개가 번득였다.

"헉, 죄송해요!"

이럴 수가! 바위 위에 누운 줄 알았는데 알고 보니 거대한 소라게 껍데기였다. 소라게 아저씨는 접었던 팔다리 여러 개를 껍데기 밖으로 뻗어 기분 좋게 기지개를 켜며 말했다.

"그래서, 학교 가기 싫다고?"

"네? 어, 어떻게 아셨어요?"

아저씨는 웃으며 말했다.

"너, 고민을 전부 입 밖으로 말하더라."

나도 모르게 얼굴이 새빨개졌다. 나한테 그런 버릇이 있었나? 무슨 말을 어디까지 들었을까?

"어, 저, 죄송해요. 저기, 내일부터는 땡땡이 안 치고 학교 갈 테니까, 그러니까 학교엔……."

"괜찮아. 아무한테도 말 안 해. 그리고 내일도 내일모레도 학교에 안 가고 싶으면 안 가도 돼."

"……네?"

내가 고개를 갸웃하자 아저씨는 이어서 말했다.

"저길 보렴. 벤치에 혼자 앉은 어른들 보이지?"

"네."

아닌 게 아니라, 광장 너머 늘어선 벤치에 딱히 뭘 하는 것도 아니고 그저 앉아만 있는 어른들이 띄엄띄엄 눈에 들어왔다.

"이 공원은 말이지, 애들한테는 즐겁게 노는 곳이지만 어른들한테는 조용한 피난처거든."

"피난처요?"

"그래. 네가 학교를 빠지고 여기 온 것처럼, 어른들도 괴로운 현실에서 벗어나 이 공원으로 피난 온 거야."

"직장을 땡땡이치고요?"

"뭐, 그런 어른도 있겠지."

"저기서 뭘 하는데요?"

"'혼자'를 즐기는 거야."

"혼자를 즐겨요?"

이 아저씨는 대체 무슨 소리를 하는 걸까.

학교를 땡땡이치고 혼자 집에 있을 때, 나는 늘 가슴이 쓰렸다. 꾀병을 부리고 학교를 빠진 것에 대한 양심의 가책을 느꼈고, 혼자 따돌림당한 듯, 다들 나만 두고 어디 먼 곳으로 가 버린 듯한 불안감도 있었다. '혼자'를 즐긴다는 느낌은 도무지 들지 않았다. 물론 지금도 그렇다.

"전 혼자인 거 싫어요. 아저씨는 진짜 혼자 있는 게 뭔지 모르니까 그런 말을 할 수 있는 거예요."

"나도 혼자가 뭔지 알아."

"네?"

"아저씨는 옛날에 외톨이였거든. 어쩌면 지금도 외톨이일지 모르지. 혼자 있는 게 얼마나 쓸쓸한지, 한편으론 혼자 있는 게 얼마나 고마운지 둘 다 잘 안다고 생각해."

"쓸쓸하면서, 고맙다고요?"

"그래. 쓸쓸함엔 아이의 쓸쓸함과 어른의 쓸쓸함, 이 두 종류가 있거든. 어쩌면 넌 지금 어른의 쓸쓸함을 알기 시작한 게 아닐까?"

쏴아아, 하는 소리와 함께 물살이 강해졌다. 아저씨는 잠자코 위를 바라보았다. 조금 전까지 반짝이던 빛은 거짓말처럼 시러지고 어느새 수면에 그림자가 드리워져 있었다. 광장에서 놀던 애들은 하나둘씩 부모 품에 안겨 서둘러 집으로 돌아가기 시작했다.

"바다가 많이 거칠어질 것 같은데."

"네."

그때 소라게 아저씨의 껍데기에서 작은 해파리가 얼굴을 내밀었다.

"그래그래, 알았어. 그만 가마."

아저씨는 해파리에게 그렇게 말하고 꿈지럭꿈지럭 다리를 접어 껍데기 집으로 들어갈 준비를 시작했다.

"어? 아니, 잠깐만요."

"너도 얼른 가렴. 바다가 더 거칠어질 거야."

아저씨는 그 말만 남기고 껍데기 속으로 들어가 버렸다.

"잠깐만요, 기다려요! 아니, 아저씨!"

뭐가 저렇게 제멋대로지? 자기 할 말만 하고선 껍데기 속으로 도망치다니! 화가 나 껍데기를 쾅쾅 두들기자 아까 본 해파리가 얼굴을 내밀고 껍데기를 살짝 들어 올렸다.

"아저씨는요?"

내가 묻자, 해파리는 아무 말도 하지 않고 손짓했다.

"들어오라고요? 그 안으로?"

표정은 보이지 않지만 고개를 끄덕이는 듯했다. 껍데기 집이 이렇게 작은데 들어오라

고? 나는 고개를 갸웃하면서도 해파리를 따라 아저씨 집 안에 오른발을 들여놓았다.

나도 모르게 탄성을 질렀다. 아저씨의 집은 맞은편 벽이 보이지 않을 만큼 컸다. 머리 위에서는 느린 바닷물의 흐름에 맞춰 해파리들이 창백한 빛을 발하며 유유히 춤추고 있었다. 작은 껍데기 안에 이렇게 큰 방을 어떻게 만들었을까?

"엄청나다! 이런 일이 어떻게 가능해요?"

내가 물어도 해파리는 아무런 대답이 없었다.

"이런, 누군가 했더니 너구나!"

껍데기를 벗은 소라게 아저씨는 아까보다 훨씬 작아 보였다. 나를 안내한 해파리는 기쁜 듯 아저씨와 내 주위를 맴돌며 헤엄쳤다.

"하여간 왜 이렇게 조심성이 없는지! 얘가 장난을 좀 좋아하거든. 하기야, 이 방에 내내 틀어박혀 지내니까 친구를 사귀고 싶었는지도 모르지. 그런데 넌 이름이……?"

"문어도리예요."

"그래, 좋은 이름이구나. 기왕 들어온 거, 바다가 잔잔해질 때까지 여기서 쉬었다 가렴."

"아저씨, 여긴 어떻게 된 거예요? 껍데기 안이 어떻게 이렇게 넓어 보여요? 소라게 집은 원래 다 이래요?"

"넓어 보이는 게 아니라 실제로 넓은 거란다."

"보이기만 그렇게 보이는 게 아니고요?"

"물론이지. 어디 보자, 어쩌면 바다보다 더 넓을지도 모르겠구나."

바다보다 넓은 집이라고? 나는 다시금 주위를 둘러봤다. 아닌 게 아니라 벽도, 천장도 없는 데다 바닷물도 흐르고 있었다. 밤바다라고 해도 믿을 것 같았다. 그런데 머리 위에 해파리가 수없이 헤엄치고 있는데도 물고기는 하나도 보이지 않았다. 산호도, 바닷말도, 바위도 아무것도 없었다.

이곳은 정말 바다가 아닌 방일지도 모르겠다.

"뭐, 지금은 안 믿길 수도 있겠지만 문어도리 네 방도 사실은 이만큼 넓을걸."

"네? 제 방은 엄청 작은데요. 책상이랑 침대만으로 꽉 찬다고요. 배팅 연습하기도 힘든걸요."

"저길 보렴."

아저씨가 우리 머리 위를 가리켰다.

"봐, 아주 많은 말들이 헤엄치고 있지?"

어디에 말들이 헤엄치고 있다는 걸까? 헤엄치는 건 투명하고 푸른 해파리들뿐인데.

"사실은 말이지, 이 방은 아저씨 집이면서 내 머릿속이기도 하거든."

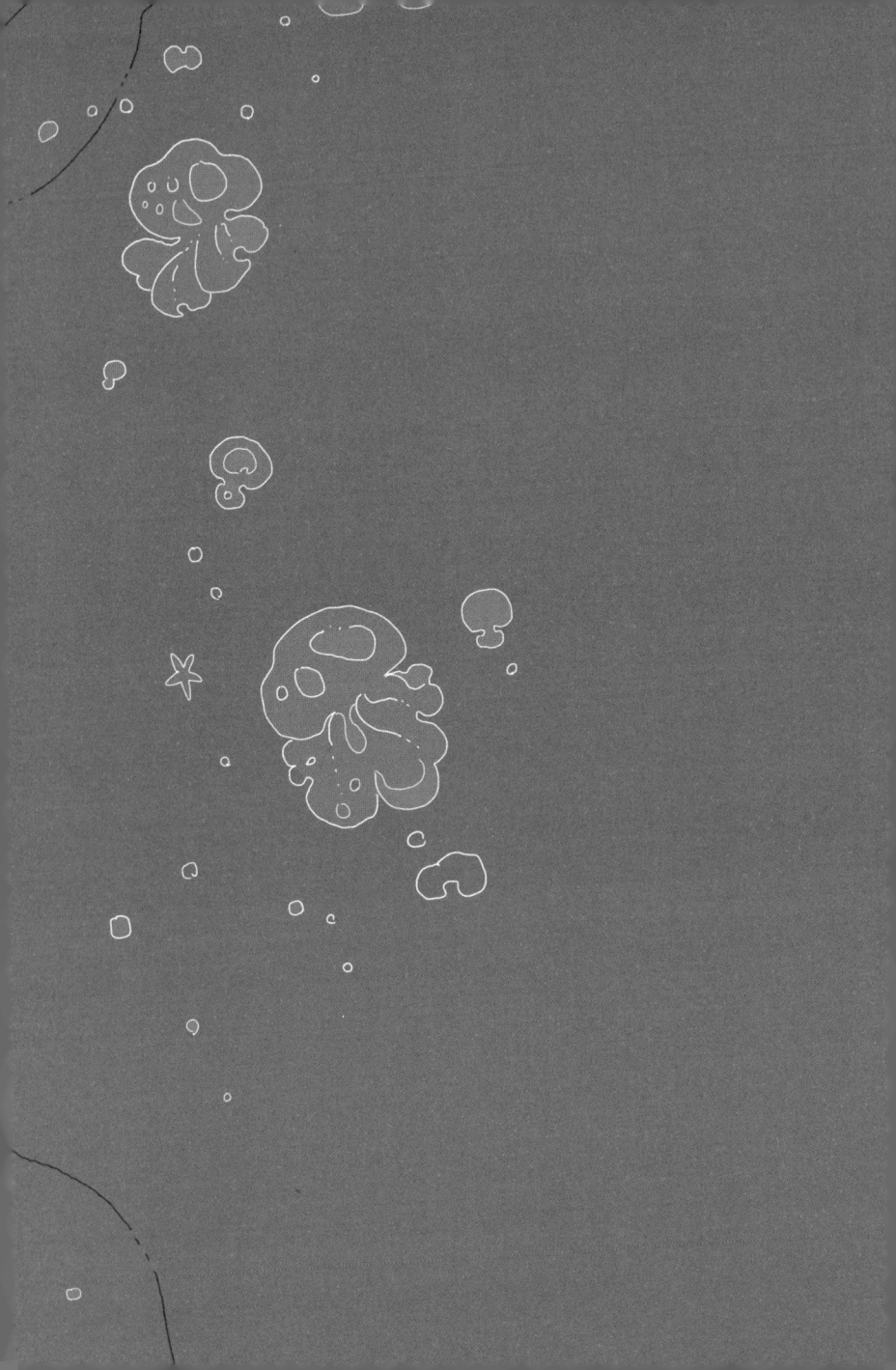

1장
'생각'과 '말'의 거리

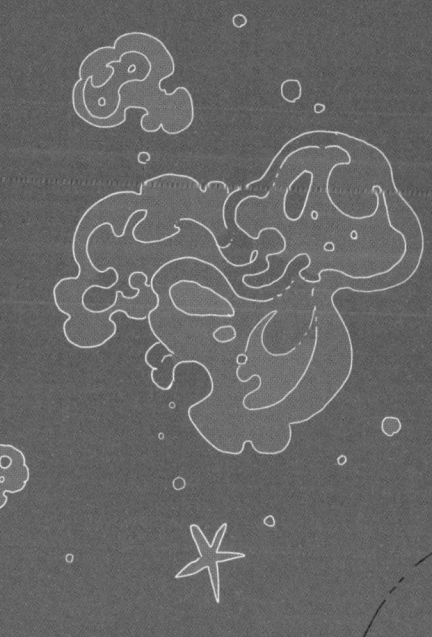

말을 하면
왜 마음이 개운해지지?

바다인지 집인지 알 수 없는 너른 어둠 속.

나는 소라게 아저씨가 한 말이 잘 이해되지 않았다.

틀림없이 나는 작은 해파리를 따라 아저씨 껍데기 안으로 들어왔다. 그런데 껍데기 안에는 바다보다 넓은 공간이 펼쳐져 있었다. 그리고 아저씨는 이곳이 자기 머릿속이라 했다.

"아직 혼란스러울 거야."

아저씨가 부드럽게 말했다.

"안 그래도 문어도리 넌 오늘 여러모로 고민이 많은 눈치였으니까."

바위에 누워 생각했던 것을 모조리 혼잣말로 중얼거리는 바람에 아저씨가 다 듣고 말았다. 그 바위는 아저씨의 껍데기 집이었다.

"네가 그랬었지. 차라리 그냥 사라져 버리고 싶다고. 왜 그렇게 생각했니?"

아저씨가 물었다.

"그게……."

"억지로 말하지 않아도 돼. 네가 말하기 싫으면 더는 캐묻지 않으마."

머릿속에서 온갖 생각이 빙글빙글 맴돌았다. 말하고 싶지 않았고, 떠올리고 싶지도 않았다. 애초에 어디서부터 어떤 이야기를 해야 할지도 알 수 없었다.

"어쩐지, 아무래도 상관없어졌어요."

"뭐가 아무래도 상관없어?"

"모든 게요."

사실 내가 하고 싶은 말은 그게 아니었지만 다른 말이 생각나지 않았다.

"괜찮아. 아무 데서나 시작해도 돼. 이야기가 막 왔다 갔다 해도 돼. 그냥 생각나는 순서대로 말해도 되고. 너만 괜찮다면 이야기해 보렴."

아저씨가 느긋하게 말했다.

나도 모르게 입을 열었다.

"저, 있죠."

전 긴장하면 얼굴이 새빨개지거든요. 더 긴장하면 입에서 먹물도 새어 나와요. 그것 때문에 반 애들한테 놀림받고 괴롭힘당해 왔어요. 선생님도 어머니도 실은 다 알면서 모른 척해요. 어제는 체육 대회에서 선서할 사람을 정할 때 애들이 짜고서 절 대표로 정한 거예요. 전교생 앞에서 절 망신 주려고요. 제 얼굴이 빨개져서 삶은 문어처럼 될 게 뻔하니까요. 날치나랑 애들이 계획을 꾸몄고 곰치고랑 붕장어도 한패였어요. 그래도 오늘 학교에 가려고 했는데, 도저히 버스에서 내릴 수가 없어서, 금눈돔 할머니가 걱정까지 해 줬는데, 이 공원에 왔더니 자꾸 전화가 와서, 사라져 버리면 좋겠다 싶어서, 그래서, 그래서……

도무지 제대로 이야기한 것 같지 않았다. 눈물이 솟구치고 목구멍이 꽉 조여 말이 잘 나오지 않았다. 말을 하려고 하면

할수록 목이 메고, 역시나 먹물이 새어 나와 점점 비참해졌다.

"고맙다. 괴로웠겠구나. 이야기해 줘서 고마워."

소라게 아저씨는 내 이야기가 끝날 때까지 한마디도 하지 않고 귀 기울여 들었다. 중간에 말이 막혀도 다음 말이 나오기를 기다려 주었고, 이야기가 곁길로 새도 지적하지 않았다. 대충 흘려듣지도 않았다. 이런 어른은 처음이 아닐까.

"후후!"

나도 모르게 웃고 말았다.

"왜 웃지?"

"그렇잖아요. 처음 보는 아저씨한테 이런 이야기를 몽땅 다 하다니, 제가 생각해도 좀 놀라워요."

"하하! 하긴, 방금 만난 사이지. 아저씨한테 말한 거 후회하냐?"

"아뇨, 오히려 개운해요."

이건 전적으로 본심에서 한 말이었다. 나는 내가 할 수 있는 모든 이야기를 아저씨에게 했다. 이야기하는 동안에는 괴로웠고, 머릿속도 뒤죽박죽이었다. 하지만 이야기를 마치고 진정하고 나니 마음이 씻은 듯 개운해졌다.

"그래? 그건 다행이구나. 그럼 이제 모든 문제가 해결된 거냐? 다 괜찮아졌어?"

"아뇨, 그런 건 아니고요……."

당연하다. 나는 그냥 이야기를 했을 뿐이고, 문제는 아무것도 해결되지 않았다. 학교에 가면 날치나 무리가 나를 또 괴롭힐 것이다. 나는 얼굴이 빨개진 채로 체육 대회에서 대표로 선서해야 할 것이다. 전교생 앞에서 웃음거리가 되는 것이다. 그런데도 마음이 가벼웠다.

"안타깝게도 아저씨는 네 친구 관계에 개입할 순 없어. 아저씨가 할 수 있는 일이 있다면 네 얘기를 듣는 것 정도야. 넌 방금 네 얘기를 했지. 그러면서 마음이 조금 가벼워졌고, 사라져 버리고 싶단 생각도 줄었고."

"네, 아까랑은 다른 것 같아요."

"이상하지? 현실은 아무것도 바뀌지 않았고, 문제도 해결되지 않았어. 그런데도 기분이 다르단 말이지. 왜 그럴까?"

"그건 아저씨가 제 얘길 들어 주신 게 기뻤던 거 아닐까요? 평소엔 들어 주는 사람이 아무도 없거든요."

"그러게. 다른 사람이 내 이야기를 들어 주면 기쁘지. 동의하거나, 다정한 말을 해 주면 더 기쁘고. 하지만 그게 다일까? 이야기를 할 수 있었던 것 자체가 기쁜 건 아닐까? 다시 말해서, 누가 내 이야기를 들어 주는 기쁨보다 내가 말로 표현하는 기쁨이 더 먼저 아니었을까?"

"말로 표현하는 기쁨요?"

"그래. 아저씨 생각엔, 다른 사람한테 말하고 나면 머릿속을 대청소하는 것처럼 기분이 좋은 게 아닐까 하거든."

'말 거품'과 '말 해파리'를 아니?

"머릿속을 대청소해요?"

"그래. 직접 눈으로 보는 게 나으려나?"

소라게 아저씨는 이렇게 말하더니 등에 얹은 손전등을 들어 불을 켰다. 손전등이 비추는 쪽 저 멀리 희부옇고 둥그런 뭔가가 떠 있었다. 크기는 학교 교실만 할까? 너무 멀어 정확한 크기는 알 수 없었고 윤곽도 분명하지 않았다.

"저게 뭐예요?"

"아저씨 머릿속에서 소용돌이치는 '말로 표현 못 하는 생각' 덩어리야. 아저씨는 '말 거품'이라고 부르는데."

"말 거품? 저게 거품이에요?"

"그래. 여기선 탁한 덩어리처럼 보이지만, 가까이에서 보면 작은 거품의 집합체지. 가까이 가 볼래?"

아저씨의 말에 덩어리 쪽으로 다가가서 보니 정말로 크고 작은 거품의 집합체였다. 아저씨 말대로 거품은 소용돌이치고 있었고, 놀랍게도 수많은 해파리가 소용돌이 속에서 부지런히 거품을 내오고 있었다.

"저 해파리들은 뭐 하는 거예요?"

"쟤들은 평범한 해파리가 아냐. '말 해파리'라고 하지."

"말 해파리라고요?"

"그래. 아저씨 머릿속에도, 문어도리 네 머릿속에도 말로 표현 못 하는 수많은 생각들이 소용돌이치고 있어. 말 거품이 말이지. 그런데 그 거품은, 다시 말해 생각은 그냥 두면 점점 늘어나거든. 그러면 머릿속은 결국 거품이 가득해 허옇게 흐려져서 아무것도 안 보이게 돼. 그래서 말 해파리들이 이렇게

정리해 주는 거야."

"아니, 잠깐만요. 무슨 말인지 모르겠어요."

소용돌이치는 생각? 말 거품? 생각을 정리해 주는 말 해파리? 이게 다 대체 무슨 이야기지?

혼란에 빠진 나를 아랑곳하지 않고, 거품은 거대한 소용돌이를 그렸고 해파리들은 거품을 날랐다.

"네가 어리둥절해하는 것도 당연해. 다들 자기 머릿속을 들여다본 적이 없으니까. 하지만 네 머릿속에도 이런 광경이 펼쳐져 있을 거란 말이지."

"제 머릿속에도 거품이랑 해파리가 있다고요?"

"그래. 아까 아저씨한테 네 이야기를 해 줬지?"

"네."

"그때 네 머릿속에선 말 해파리들이 부지런히 거품을 운반해 내가고 있었던 거야. 네 생각을 '말'로 바꿔서. 덕분에 탁했던 머릿속이 조금 명료해졌고, 네가 개운해진 건 머릿속 '뱅글뱅글'이 정리되었기 때문이란다."

마법에 걸린 듯 혼란스러워져서 아저씨가 하는 말이 반도 이해되지 않았다. 하지만 아저씨가 농담을 한다거나 거짓말한다는 생각은 들지 않았다.

'뱅글뱅글'이라는 말은 말로 표현 못 하는 내 감정을 나타내기에 아주 딱 맞는 것 같았다.

"방금 그 이야기가 사실이라면, 말 해파리들은 그 거품을 어디로 운반하는데요?"

"아저씨를 등에 태워 줄래? 말 해파리를 따라가 보자."

'생각'과 '말' 사이의 거리는 각자 달라

나는 소라게 아저씨를 등에 태우고 헤엄쳤다. 말 거품을 안은 말 해파리들은 위쪽에서 줄지어 어디론가 헤엄쳐 갔다.

이윽고 저 멀리 작은 빛이 보이기 시작했다. 말 해파리 모두 그 빛을 향해 가는 듯했다.

"꽤 멀리 운반하네요."

나는 내 등에 업힌 아저씨에게 말했다.

"그러게. 생각이 말로 나오려면 꽤 멀리 가야 하거든. 생각과 말 사이엔 의외로 거리가 꽤 있으니까."

"거리요? 생각과 말 사이에요?"

"그래. 가령 너희 반에도 말하길 좋아하는 애가 있지? 수업 시간에 거침없이 발언하고, 리더십을 발휘하고, 쉬는 시간엔 재미있는 농담을 잔뜩 하는 애."

"네, 날치나가 딱 그런 느낌이에요. 그런 식으로 말할 수 있으면 얼마나 기분 좋을까 싶어요."

"넌 굳이 따지자면 말수가 적은 편이구나?"

"말수가 적다고 할지, 말주변이 없다고 할지. 머리 회전이 느린가 봐요. 말이 잘 안 나오거든요. 괴롭힘을 당해도 대꾸도 못 하고요. 그렇게 대꾸도 못 하고 가만히 있으면, 더 바보 취급 받아요."

"문어도리, 그건 그렇지 않아. 말을 잘 못 하는 건 머리 회전이 느려서가 아니야. 날치나 같은 애는 생각과 말 사이의 거리가 짧은 것뿐이야."

"앗!"

소라게 아저씨와 이야기하는 사이에 빛 가까이까지 왔다. 어두운 벽에 난 구멍으로 빛이 눈부시게 비쳐 들었다. 말 해파리들은 질서 정연하게 줄을 지어 말 거품을 밖으로 날랐다.

"말 해파리가 저렇게 생각을 바깥으로 해방시켜 주는 거야. 그 덕분에 우리는 생각을 말로 표현할 수 있는 거지."

"그럼 저 거품은 말이 되기 위해 밖으로 나가는 거예요?"

"그래. 저 구멍이 내 입 같은 거라고 생각하면 돼."

"입이 저렇게 멀리 떨어져 있어요?"

"그래. 네 경우엔 머리 중심에서 아주 멀리 떨어진 곳에 똑같은 구멍이 나 있는 거야. 어쩌면 아저씨보다 더 멀리에 말이지."

"그럼 전……."

"너는 생각과 말 사이의 거리가 먼 거야. 말을 밖으로 내보내기까지 시간이 걸리는 것뿐이란다. 절대로 머리 회전이 느린 게 아니야."

문득 빛 쪽을 보니, 말 해파리들이 어수선하게 뒤섞여 줄을 다시 서고 있었다.

"뭐 하는 거예요?"

"말을 밖으로 내보내는 차례, 즉 말하는 순서를 정하고 있는 거야. 저렇게 하다 보면 말이 밀려 막힐 때도 있어. 하지만 그건 정성을 들여 말한다는 증거거든."

"말이 밀려요?"

"그래. 날치나 같은 애는 생각나는 순서대로 거침없이 말하겠지. 반면 아저씨나 너 같은 성향은 말이 밀릴 때도 있어. 이건 어느 쪽이 좋고 나쁜 문제가 아니라 성격

이거나, 개성의 문제란다. 그러니 막힘없이 술술 말하지 못한다고 해서 신경 쓸 필요가 전혀 없는 거야."

아닌 게 아니라 나는 어디서부터 무슨 말을 해야 할지 모를 때가 많았다. 출구 부근에서 교통 정체를 일으키는 말 해파리들은 뭐랄까, 말이 잘 나오지 않는 내 모습을 거울로 보는 것 같았다.

"내가 계속 등에 타고 있으면 힘들 테니 그만 내려가자."

아무에게도 할 수 없는 말은 누구에게 해야 할까?

"그렇지만요, 아저씨."

나는 소라게 아저씨를 태우고 헤엄쳐 내려가며 말했다.

"제가 아까 아저씨한테 한 이야기 있잖아요. 누구한테 그렇게 몽땅 다 얘기한 건 아마 처음일 텐데, 그건 아저씨가 제 말을 참을성 있게 기다려 주고 귀 기울여 들어 줬기 때문 같거든요."

"그렇구나. 그래서?"

"그럼 좀 절망적이지 않아요? 아저씨처럼 잘 들어 주는 사람은 아무도 없다고요. 학교 친구들도, 선생님도 다들 절 느림뱅이 취급하면서 제 말을 전혀 들어 주지 않는걸요. 결국 전 '뱅글뱅글' 상태에서 벗어나지 못할 거예요."

"그래. 그런 이야기구나."

소라게 아저씨가 땅에 두둥실 내려서며 말했다.

"이야기는 들어 주는 사람이 있을 때 비로소 이야기가 되지. 내 이야기를 들어 주는 친구가 있다는 건 근사한 일이야. 하지만 안타깝게도 모든 사람한테 다 그런 친구가 있는 건 아니야. 그건 아저씨도 마찬가지거든. 생각하는 걸 전부 이야기할 수 있는 '절친'은 흔치 않아."

"아저씨도요?"

"그럼, 당연하지. 아마 오징어나 날치나도 그럴걸? 친구라고 뭐든 이야기할 수 있는 건 아니니까. 그 애들도 아무한테도 할 수 없는 말이 있을 거다."

"그럼 어떡해요? 아무한테도 말 못 한 채로, 누구하고도 의논하지 못한 채로, 말로 표현 못 한 채로 '뱅글뱅글'과 말 거품을 끌어안고 견뎌야 해요?"

아저씨는 고개를 저었다.

"그건 아냐. 의논할 사람이 없거나 누구랑 의논할 수 있는 이야기가 아니라면 나 자신과 의논하면 돼."

"스스로랑요?"

"그래. 예를 들어 네가 학교 문제로 고민한다고 치자. 그런 자기 자신을 발견하면 가만히 말을 걸어 줘. '무슨 일 있어? 내가 들어 줄까?' 하고 말이야."

말 해파리 여럿이 '뱅글뱅글' 속으로 뛰어들더니 말 거품을 하나씩 가지고 나왔다. 어떤 원리인지는 몰라도, 어쩐지 막연히 알 수 있었다.

분명, 아저씨는 지금 어려운 생각을 잔뜩 하면서 말로 표현하려 하고 있다.

다음 질문을 하기가 조금 겁났다.

"자신한테 말을 걸다니, 어떻게요?"

"글을 쓰는 거야."

아저씨는 미소를 지었다.

"글을 쓴다는 건 나 자신과 대화를 하는 거란다."

글쓰기는 나와 대화하는 것

"자기랑 대화를 해요?"

"그래. 아까 넌 사실은 아저씨랑 이야기를 하면서 자기 자신이랑 이야기하고 있었던 거야."

"네? 그게 무슨 뜻이에요?"

"그 왜, 상대한테 어떤 걸 설명하면서 '아, 내가 이런 식으로 생각하고 있었구나.' 하고 깨달을 때 있잖냐? 말로 하기 전까진 몰랐던 자기 본심을 비로소 알게 되는 때."

"아!"

정말 그랬다. 아까 소라게 아저씨에게 이런저런 이야기를 하면서 나는 내가 곰치고와 붕장어조를 처음부터 좋아하지

않았다는 사실을 깨달았다. 좋아하지도 않으면서, 혼자가 될까 봐 무서워 같이 있었던 것이다.

"가끔은 그럴지도요."

"어떤 의미에선 그것도 나 자신과의 대화야. 자기 생각을 말로 표현하면, 스스로 '아하, 난 이렇게 생각하고 있었구나.' 하고 알게 되는 거야. 자기가 한 말을 통해서 자기 자신을 알아가는 거야. 그런 알짜배기 수다는 스릴 넘치고 재미있지."

"네……. 어쩐지 알 것 같아요."

"다만 자기 자신과 가장 심오하게 대화할 수 있는 방법은 글을 쓰는 거거든."

"왜요?"

"아까 말 해파리가 거품을 잔뜩 운반하는 걸 봤지?"

"네."

"그럼 우리가 생각을 글로 표현할 때 말 해파리들은 그 말을 어디로 운반할 것 같냐?"

"아까 그 구멍 아니에요?"

"아니, 거긴 말할 때만 쓰는 운반 전용 출구고."

"엥, 그럼 전 당연히 모르죠! 이 방 규칙 참 제멋대로네요."

"으하하! 그럴지도 모르겠는걸. 그럼 같이 답을 알아보자꾸나. 분명 네 마음에도 들 거다."

아저씨는 또다시 손전등을 집어 아까와는 다른 방향을 비추었다.

"굉장하다! 저게 뭐예요?"

손전등을 비춘 곳에 꼭대기가 보이지 않을 정도로 거대한 책꽂이가 성벽처럼 우뚝 솟아 멀리까지 이어져 있었다. 그곳에서 푸른 말 해파리들이 책꽂이에 빽빽하게 꽂힌 책을 부지런히 정리하고 있었다.

"전부 아저씨 책이에요?"

"아냐, 저건 실제 책이 아니란다. 책처럼 생겼지만, 저건 모두 '사고'란다."

"아저씨의…… 사고요?"

"그래. 생각하는 바를 글로 표현할 때, 거품처럼 불확실했던 '말로 표현 못 하는 생각'은 형체를 지닌 '사고'로 변한단다. 그럼 말 해파리들이 그걸 저 책꽂이에 보관해. 책이라는 형체를 얻은 아저씨의 사고를 말이야."

"네?"

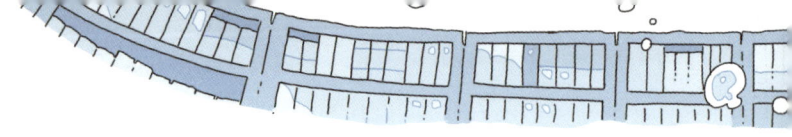

글쓰기와 말하기, 무엇이 다를까?

　여기 책꽂이에 꽂힌 게 아저씨의 사고라고? 소라게 아저씨가 이렇게 많은 사고를 해 왔다고? 성벽 같은 책꽂이를 다시금 올려다보니 머리가 어질어질해졌다.
　"잠깐만요, 아저씨가 하는 말도, 이 거대한 책꽂이도 뭐가 뭔지 하나도 모르겠어요."
　"이 부분은 더 자세하게 설명하는 편이 좋겠구나. 어디서부터 설명할까?"
　"우선 저 책꽂이 이야기부터 해 주세요."
　"좋아. 아까 나랑 같이 말 해파리들을 따라갔었지?"
　"네, 말이 입 밖으로 나가는 걸 봤죠."
　"그래. 그때 본 말은 그 자리에서 사라지는 '거품의 말'이야. 생각한 바를 그대로 입 밖에 내면 곧바로 팡 터져 없어지는, 전달 자체가 목적인 말."
　"거품처럼 사라져요?"
　"그렇단다. 지금 너랑 아저씨가 주고받는 것도 '거품의 말'

이지. 입 밖에 내는 즉시 사라지고 사라진 거품은 두 번 다시 돌아오지 않아. 하지만 그렇기에 생각한 바를 마음 편하게, 아무렇게나 있는 그대로 표현할 수 있어. 우리가 몇 시간씩 즐겁게 수다를 떨어도 나중에 그 내용을 거의 기억하지 못하는 건 그 때문이야. 모두 거품처럼 사라지니까."

"그러네요.. 저도 그런 적 있어요. 한참 수다를 떨고 나면 '재미있었다.'란 기억은 있어도 무슨 이야기를 했는지는 잊어버리고 그래요."

"반면에 몇 시간씩 수다를 떠는 것과 몇 시간씩 글을 쓰는 건 전혀 다르거든. 아무리 글 쓰는 재주가 있어도 몇 시간씩 글을 쓰면 지치고 말지. 그건 글로 쓰는 말은 거품이 아니기 때문이야."

"어째서 거품이 아닌 말은 지치는 거죠?"

"그게 바로 생각하는 것과 사고하는 것의 차이야. 거기에 관해선 구체적인 예를 드는 게 나을지도 모르겠구나."

아저씨는 이렇게 말하더니 느닷없이 괴상한 목소리로 연기하듯 말하기 시작했다.

어제 편의점에서 말이야. 아, 어머니가 뭐 사 오라고 해서, 그 왜, 저번에 걔가 말한 콜라, 그래! 파래맛 콜라가 생각나서 그걸 찾아봤는데, 아차, 그게 아니지. 쓰레기봉투가 먼저네. 어머니가 사 오라고 한 쓰레기봉투를 찾아서, 그런데 그것만 사 오는 것도 그러니까 과자 구경도 좀 하고 음료수 코너에 갔는데, 마침 전화가 와서 봤더니 학원에서 온 거더라고. 아니 그게, 지난주 시험을 땡땡이쳤거든. 그래서 이거 큰일 났다 싶은 거야. 그래도 하는 수 없이 전화를 받았더니 사전을 두고 갔다지 뭐야? 하여간 뭐냐고 정말, 진짜 놀랐다니까.

아저씨가 다시 본래 목소리로 말했다.

"이런 게 바로 거품의 말이야."

"맞아요, 날치나가 딱 그런 식으로 말해요."

"그래. 이야기 순서 같은 건 신경 쓰지 않고 생각나는 대로 말하면서 그때그때 말을 바꾸기도 하고, 덧붙이기도 하면서 그렇게 자유롭게 이야기하지. 눈앞에서 이야기하니까 그렇게 말해도 뜻이 통하고, 되레 생생한 느낌이 들어서 재미있기도 하단 말이지. 하지만 방금 한 말을 그대로 글로 옮기면 오히려 읽기 아주 힘들거든."

"그러게요, 뒤죽박죽일 것 같아요."

"그래서 글로 쓸 땐 좀 더 정리해서, 사고하면서 써야 해. 예를 들면 이렇게."

> 어제 편의점에 갔다. 어머니가 쓰레기봉투를 사 오라고 했기 때문이다. 어머니가 사 오라고 한 크기의 쓰레기봉투를 발견한 나는 기왕 온 김에 내가 원하는 것도 사야겠다고 생각했다. 야식 생각도 났고, 전에 친구가 파래맛 콜라에 관해 말해 줬던 것이 생각났기 때문이다. 과자와 음료수를 고르는데, 갑자기 학원에서 전화가 왔다. 주저하다 전화를 받자 사전을 두고 갔으니 찾아가라는 내용이었다. 마음이 놓였다. 지난주에 핑계를 대고 시험을 보지 않은 터라 재시험을 치라는 전화인 줄 알았다.

"읽어 보니 진짜 그러네요. 아까 말로 할 때랑 전혀 딴판인데요? 더 정리된 느낌이 들어요."

"그때 자기가 어떤 상황이었고, 무슨 일이 있었고, 무슨 생

각을 했는지 사고해야 해. 안 그러면 이 정도 글도 쓸 수 없단 말이지."

"생각나는 대로 말하는 거랑은 정말 다르네요."

"그래. 사고가 따르지 않는 말은 얼마든지 있을 수 있지만, 사고가 따르지 않는 글은 있을 수 없거든."

"사고하지 않으면 글을 쓸 수 없어요?"

"그래. 너도 글 쓰는 거 귀찮지?"

"네, 귀찮아요."

"왜 귀찮은 걸까?"

"그게, 그렇잖아요. 매번 펜을 들어 손으로 깨작깨작 노트에 쓰려면 진짜 귀찮잖아요."

"우리가 글쓰기를 귀찮아하는 건 손을 움직여야 해서가 아냐. 머리를 쓰는 게 귀찮은 거지. 글을 쓰려면 일단 진지하게 사고해야 하거든. 그렇게 '사고하는 수고'를 들이는 게 귀찮게 느껴지는 거야. 글을 쓴다는 건 사고하는 거니까."

"글 쓰는 게 사고하는 거라고요?"

"그래. 사고한다는 건 곧 글 쓰는 거라고 해도 되고."

사고하는 건, 답을 찾으려 한다는 것

"그건 말이 너무 지나친데요. 말도 안 하고, 글도 쓰지 않고 조용히 속으로 생각만 할 때도 있잖아요. 아니지, 보통은 그런 걸 사고한다고 하지 않나요?"

"그건 '사고하다'란 말의 정의하고 관련된 이야기일지도 모르겠구나. 문어도리, 예를 들어 어떤 것을 사고하는 건 생각하는 것과 어떻게 다를까?"

"네? 사고랑 생각요? 잘 모르겠지만 사고한다는 게 더 똑똑한 느낌인데요. 아니면 더 어려운 거라고 할지."

"그럼 문어도리 넌 보통 언제 사고하는 것 같냐?"

"아, 전 사고를 그렇게 많이 하는 것 같진 않지만, 음······ 시험 볼 때라든지, 어려운 수학 문제 풀 때요?"

"그거야! 아주 멋진 대답인데? 방금 네가 한 말에 사고한다는 것의 모든 게 들어 있어."

"네? 그게 무슨 뜻이에요?"

"방금 네가 말한 대로야. 사고하는 것과 생각하는 것의 차이는 말이지, 바로 '답'을 찾으려 한다는 데에 있단다."

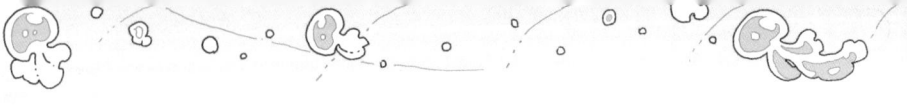

"답을요?"

"그래. 수학 문제를 풀 때 우리는 답을 찾으려 사고를 해. 아주 열심히 사고하지. 생각하는 것만으론 문제를 풀 수 없어. 안 그러냐?"

"네."

"시험 문제만 그런 게 아냐. 학교, 친구, 가족, 진로에 대해 사고하는 것도 언제나 답을 찾기 위해서거든. 그리고 어떤 문제든 진지하게 사고하다 보면 언젠가는 답에 다다르게 돼. 물론 수학 문제를 풀 때처럼 답을 틀릴 때도 있을 거야. 결과적으로 오답이 되는 경우도 있겠지. 그렇지만 사고하는 힘만 있으면, 자기 나름의 답을 찾아낼 수 있어."

"그렇게 말하자면 저도 사고하는데요? 학교에 관해서도, 진로에 관해서도 열심히 사고한다고요. 그렇지만 답을 전혀 모르겠는걸요. 만약 아저씨 말대로라면, 전 아무것도 사고하지 않는 거예요?"

"거기에 관해서도 아까 넌 아까 중요한 힌트를 말했어. 어려운 수학 문제를 풀 때 사고를 한다고. 그럼 네가 어떻게 문제를 푸는지 한번 자세히 떠올려 볼래?"

"수학 문제를요?"

"예를 들어 '16×21×43'의 답을 묻는 문제가 있다고 치자. 문제 자체는 간단한 곱셈식이야. 그렇지만 암산으로 풀려면 쉽지 않지?"

"네, 어려워요."

"하지만 손으로 쓰면서 풀면 쉽게 답이 나와."

"……네, 아마도요."

"수학 문제를 풀 때뿐만이 아니야. 네가 친구랑 싸워서 어떻게 화해할지를 고민한다고 쳐. 그때 팔짱을 끼고 가만히 생각만 하는 건 어려운 문제를 암산으로 풀려고 하는 것 같은 일이야. 잘못하면 머릿속이 복잡하게 뒤엉켜서 좀처럼 답에 다다르지 못해. 그럴 땐 종이에 자기감정을 하나씩 써 내려가면 돼. 종이에 써 가면서 계산할 때처럼."

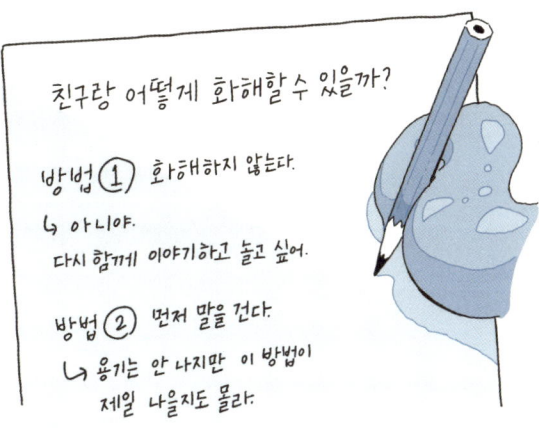

"수학 문제를 종이에 풀듯, 글을 쓰라니…… 뭐 특별한 방법이 있는 거예요?"

"아니, 그냥 평범하게 쓰면 돼. 종이에 수학 문제를 풀 때, 우린 답을 모르는 상태로 끄적이기 시작하잖냐? 그거와 마찬가지야. 일단 쓰고 봐. 쓰면서 사고해. 그러다 보면 언젠가 자기만의 답에 다다르게 될 거야."

"왜요? 글이랑 수학 문제는 다른데요."

"정말 그럴까? 네 필통에 들어 있는 걸 떠올려 보렴. 거기서 힌트를 얻을 수 있을 거다."

우리에게는 '지우개'가 있어

"문어도리, 네 필통엔 뭐가 들었지?"

나는 내 필통 안을 떠올려 봤다. 샤프펜슬과 삼색 볼펜, 형광펜, 지우개와 자, 컴퍼스, 샤프심. 그리고 스티커며 클립들도 있는데, 그것들은 관계없을 듯했다.

"별거 없는데요. 샤프랑 볼펜이랑 지우개랑……."

"바로 그거야."

"네?"

"말하기와 글쓰기의 가장 큰 차이는 지우개의 존재 유무거든."

"지우개요?"

"그래. 말하기하고 달리, 글쓰기엔 지우개가 있어. 다시 말해 얼마든지 지우고 다시 쓸 수 있단 뜻이야. 이건 컴퓨터로 쓸 때나 조개폰으로 쓸 때도 마찬가지지. 조개폰으로 쓰는 문자 메시지도 보내기 전까진 몇 번이고 고칠 수 있잖냐?"

"그건 그렇지만…… 그게 뭐가 중요한 건데요?"

"말하기엔 지우개가 없어. 그러니 실수하기 쉽거든. 말이 헛 나오는 거지. 너도 그럴 생각은 없었는데 무심코 어떤 말을 할 때가 있지?"

생각하면 나도 말실수를 한 적이 있다. 작년 봄, 학교에서 괴롭힘을 당하고 집에 와 방에 틀어박혔을 때다. 어머니가 끈질기게 '왜 그러니?', '학교에서 무슨 일 있었어?', '엄마가 선생님께 말씀드려 볼까?'라고 말했었다. 하도 끈덕지게 묻기에 그만 '이게 다 아빠 엄마가 문어라서 그렇잖아!'라고 소리 지르고 말았다.

그랬더니 어머니가 눈시울이 새빨개지면서 방에서 나갔다. 지금, 이렇게 그때 기억을 되살린 것만으로도 가슴이 꽉 옥죄었다.

"한번 입 밖에 낸 말은 주워 담을 수 없어. 말하기에서 가장 위험하면서도 가장 어려운 점이지. 자기가 무심코 한 말로 다른 사람한테 상처를 입혔다는 걸 알면 스스로를 용서할 수 없게 돼."

"그러네요."

"그렇지만 말이지, 글쓰기를 두려워할 필요는 없거든. 우리한테는 지우개가 있으니까. 내가 납득할 수 있을 때까지, 누구에게도 보여 주지 않고 지우고 다시 쓰면 그만이야. 말하기하곤 전혀 다르지?"

"네. 달라요."

"글은 썼다가 지웠다가 또 쓸 수 있어. '이런 느낌일까?' 하고 썼다가 '아니, 다르게 표현할 수도 있을 것 같아.' 하고 지

우면서 나 자신과 몇 번이고 의견을 주고받아. 그야말로 자기 자신과의 대화인 거야."

"지우고 다시 쓰는 게요?"

"그래. 글을 쓰는 것만으론 자기감정을 알 수 없어. 써서 읽어 보고, 이게 아니다 싶으면 지운 다음 다시 써. 이걸 반복하면서 답에 접근하는 거야. 수학 문제를 풀 때처럼."

"그렇지만 수학 문제엔 정답이 있잖아요. '2×2'의 답은 4인 것처럼요. 하지만 친구 문제나 진로 고민 같은 건 정답이 없지 않아요?"

"아닌 게 아니라 수학처럼 똑떨어지는 정답은 없겠지. 오늘 문어도리 네가 학교에 가지 않은 게 정답인지, 오답인지는 아무도 모르는 것처럼."

"맞아요, 아무도 몰라요."

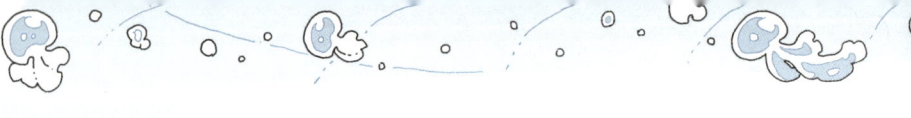

"그렇지만 말이지, 모든 글은 '그 시점에서의 답'인 거야. '지금 나는 이렇게 생각하고 있다. 어쩌면 언젠가 지우개로 지우고 다시 쓸지도 모른다. 하지만 지금의 내가 내린 답은 바로 이거다. 이 이상 고칠 수 없다.' 이런 생각이 들 때까지 계속 써 보렴. 그럼 그다음 문이 보일 거야."

내 마음의 긴 계단을 내려가면

"그다음 문이요?"

소라게 아저씨는 조그만 말 해파리에게 귓속말을 하더니 고개를 끄덕였다.

"그래. 글을 써 나가다 보면 그다음 문이 열리게 돼. 우리 같이 가 볼까?"

말 해파리가 기쁜 듯 내 머리 위를 빙글빙글 돌았다. 나를 이 껍데기 집 안에 들어오게 한

그 녀석이었다. 그다음 문이 뭘까. 그 문은 어디에 있을까. 아저씨의 말을 거절할 이유는 없었다. 나는 선두에 선 작은 말해파리를 따라, 아저씨와 둘이 걷기 시작했다. 어디로 가는 거냐고 물을 생각은 없었다. 물어보나 마나 종잡을 수 없는 대답만 나올 테니.

대신에 나는 아저씨에 관해 묻기로 했다.

"그런데 아저씨는 여기 공원에서 살아요?"

"산다고 해야 하나, 모르겠네. 아저씨 경우엔 어디에 있든 거기가 집이 되니까."

"소라게라서요?"

"그래. 아저씨는 전 세계를 여행하는 중이거든. 이 마을에 온 것도 겨우 석 달 전이야. 지금은 공원 한구석에서 남들한테 방해되지 않게 살고 있어. 조만간 다시 여행을 떠날 거고 말이지."

"그렇구나. 그럼 아저씨는 무슨 일을 하는데요?"

"어이쿠!"

아저씨가 갑자기 큰 소리로 말했다.

"여기서부턴 계단을 내려가야 하니까 조심하렴!"

 소라게 아저씨 말대로 갑자기 아래로 내려가는 계단이 나타났다. 어디까지 이어지는지 어두워서 잘 보이지 않았다.

 말 해파리가 몸을 부르르 떨자 한층 환한 빛이 났다. 헤엄칠 줄 모르는 아저씨는 말 해파리가 내뿜는 빛이 없으면 발을 헛디딜 것처럼 아슬아슬해 보였다.

 우리는 빛을 따라 계속해서 천천히 나아갔다.

 바닥을 비추는 말 해파리.

 천천히 걷는 소라게 아저씨.

 그 뒤를 둥실 헤엄쳐 따라가는 나.

 지금 나는 어디에 있는 걸까?

 어디로 가는 걸까?

 알 수 없게 됐다.

 "자, 다 왔다."

 길고 긴 계단을 끝까지 내려가니 커다란 문이 눈앞에 나타났다.

 "이게 그다음 문이에요?"

 "그래. 우리 같이 이 문을 열어 확인해 보자."

 아저씨가 문을 향해 손을 뻗자 뭔가가 반짝 빛났다.

2장

나만의 던전을
모험하려면

거짓말이 섞인 글쓰기

 열린 문 너머에는 방금 전과 똑같은 어둠이 펼쳐져 있었다. 아니, 어둠이 오히려 짙어져 주위가 더욱 보이지 않았다. 싸늘한 바닷물이 온몸을 훑었다. 무사히 집에 돌아갈 수 있을까? 나는 조금 불안해졌다.
 "아저씨, 여기는 지하실이에요? 불빛은 없어요?"
 "글쎄, 지하실이라 할 수도 있겠지. 기다리렴. 곧 어둠에 눈이 익을 거다."
 "여긴 창고예요? 뭘 보관하는 방인데요? 여기에도 책꽂이가 있어요?"
 소라게 아저씨가 가리킨 곳을 보니 천장에서 줄을 늘어뜨린 것처럼 한 줄기 빛이 내리비추고 있었다.
 "저 빛은 뭐예요?"
 아저씨는 내 말에도 돌아보지 않고 계속 걸어갔다. 자세히 보니 빛줄기는 작은 책상 위를 비추고 있었다.
 "네가 먼저 가 볼래?"
 느긋하게 걷는 아저씨의 말에 나는 책상 쪽으로 헤엄쳐 다

가갔다. 높디높은 천장에서 스포트라이트처럼 빛이 쏟아졌고, 책상 위에는 낡은 노트가 펼쳐져 있었다.

"멋진 책상이지?"

아저씨가 내 뒤에서 말했다. 손에는 반짝이는 만년필이 들려 있었다. 진주 장식이 박힌 매우 고풍스러운 만년필이었다.

"아저씨는 매일 여기서 글을 쓴단다."

"무슨 글을요?"

"일기야. 고등학교에 들어갈 무렵부터 내내 쓰고 있지. 지금까지 몇 권쯤 썼으려나? 거기 있는 노트는 제일 최근 일기장이야. 뭐, 의무도 아니고 숙제도 아니니까 못 쓰는 날도 있

지만."

나는 빤히 쳐다보면 안 될 것 같아서 노트에서 시선을 뗐다. 솔직히 아저씨 일기에 별 관심은 없었다. 아저씨 세대 어른들 중에는 일기 쓰는 사람이 가끔 있다. 조개폰도 없던 시대에는 할 일이 그것밖에 없었을 것이다. 그냥 그런 생각만 들었다.

"역시 아저씨는 글쓰기를 좋아하시는군요."

"아니, 그런 건 아냐. 아저씨도 네 나이 땐 글쓰기를 얼마나 싫어했는데."

"네? 진짜요?"

"그래. 일기도, 글짓기도, 독서 감상문도 딱 질색이었지. 써 봤자 재미도 없고. 정말 싫었어."

"그런데 어떻게 좋아하게 됐어요? 좋아하니까 매일 쓰는 거잖아요."

"으음, 계기는 몇 가지 있었지만…… 아마 꼭 칭찬받지 않아도 된다는 걸 깨달았을 때가 가장 큰 계기 아니었을까?"

"칭찬받지 않아도 된다고요?"

"그래. 학교에서 글짓기를 하거나 독서 감상문을 쓸 때 아

저씨는 선생님한테 칭찬받고 싶었어. 그래서 어른들이 칭찬해 줄 글을 썼단 말이지."

"그러는 게 왜 안 되는데요?"

"너도 칭찬받을 글을 쓰려고 하는구나?"

"그야 당연히 그렇죠. 제 글을 선생님이 읽고 평가하잖아요. 그럼 칭찬받게끔 글을 쓰는 게 당연하지 않아요?"

"그러게. 아저씨도 전엔 그렇게 생각했어. 하지만 아저씨가 선생님한테 칭찬받고 싶어서 쓴 글엔 작은 거짓말이 잔뜩 섞여 있었어. 말 잘 듣는 착한 애인 척 모범생 같은, 마음에도 없는 '좋은 이야기'만 늘어놓았지."

"하지만 글짓기라는 게 원래 그런 거잖아요."

"어른들 눈치를 보는 게 말이냐?"

나는 지금까지 내가 학교에서 썼던 글과 독서 감상문을 떠올려 봤다. '저도 친구들과 함께 열심히 공부해야겠다고 생각했습니다.', '앞으로 꼼꼼하게 분리수거하겠습니다.' 등등 하나같이 마음에도 없는 다

짐만 쓰고 끝이었다. 거짓말이라면 거짓말이다. 하지만 그런 식으로 쓰지 않으면 혼날 것 같았다.

그래, 내 경우에는 혼나기 싫은 마음이 칭찬받고 싶은 마음보다 앞섰다.

"문어도리, 네 기분을 솔직하게 쓰지 못하는 것만큼 슬픈 일이 또 있을까? 네 글은 네 건데."

"그렇지만 '이상한 이야기'를 쓰면 야단맞는다고요."

"넌 정말 이상한 이야기를 쓴 적 있어? 그 때문에 누구한테 야단맞은 적 있어?"

"네?"

"하하하! '이상한 이야기'란 게, 이게 의외로 쓰기가 쉽지 않단 말이지. 특히 문어도리 넌 주위에서 이상한 이야긴 쓰지 말라며 막기도 전에 네가 먼저 브레이크를 밟지 않을까 싶은데. 스스로 자신의 선택 범위를 좁히고, 자유를 빼앗고."

"칭찬받고 싶고 혼나기 싫으니까요."

"넌 이상한 이야기는 쓰면 안 되고, 좋은 이야기만 써야 한다고 생각해. 이상한 이야기를 쓰는 걸 피해서 말을 골라서 해야 한다고 생각하고 있어."

"네."

"그런 생각이 지금까지 네가 사고할 기회를 빼앗아 왔던 거야. 말을 골라서 해야 한다는 생각이 지나쳐서 자기 기분까지 외면했어."

"그게 무슨 뜻이에요?"

"아저씨도 중학생 때 그랬거든. 어른들한테 칭찬받으려고 그럴싸한 이야기만 글에 늘어놓았어. 지금 생각하면 그건 아무것도 안 쓴 거나 마찬가지인데."

어느새 만년필은 소라게 아저씨 손을 떠나 노트 위에서 뱅뱅 춤추고 있었다.

게다가 그냥 춤추는 게 아니라 마치 자기 생각을 가지고 글씨를 쓰는 것처럼 보였다. 다시 말해 생각을 하면서 만년필이 스스로 글을 쓰고 있는 것 같았다. 대체 뭘 쓰는 걸까?

"문어도리."

아저씨가 이름을 부르기에 얼굴을 들었다.

"우리 같이 이상한 이야기를 써 보지 않을래? 네 안에 잠들어 있는 더없이 이상한 이야기를."

글이 마음으로부터 멀어질 때

"제 안에 잠들어 있는 이상한 이야기요?"

"그래. 다른 사람은 못 쓰는 너만이 쓸 수 있는 이야기. 기왕 쓰는 거, 나만 쓸 수 있는 이야기를 쓰면 재미있지 않을까?"

다른 사람이 아닌 오직 나만 쓸 수 있는 글.

나는 그 말이 무척 매력적으로 들렸다. 하지만…….

"아뇨, 저한테는 무리예요."

"왜?"

"전 글을 잘 못 쓰는걸요. 말하기도 잘 못하지만, 글은 더 못 쓴다고요."

"그렇구나. 넌 어떤 글을 쓰는 게 어렵게 느껴지지?"

"전부 다요. 글짓기 시간도 어렵고, 독서 감상문 쓰는 것도 어려워요. 초등학생 때 여름 방학 일기를 쓸 때도 얼마나 고생했는데요."

"그럼 분명 이랬겠네. 어떤 책을 읽고 독서 감상문을 쓴다고 하자. 넌 그 책을 읽고 아주 감동했어. 주인공의 감정이 꼭 자신의 감정 같았거든. 책을 든 손이 부들부들 떨릴 정도였지.

그런데 감상문을 써 봤더니 네가 느꼈던 것과는 전혀 다른 글이 나왔어. 쓰면 쓸수록 자기 마음에서 멀어져서 결국 책을 읽었을 때 느꼈던 감동을 절반도 표현하지 못했겠지?"

"맞아요! 매번 그래요! 진짜 딱 그렇다니까요!"

나는 아저씨의 말을 듣고 감동했다. 정말이었다. 글짓기를 할 때도, 독서 감상문을 쓸 때도 늘 내가 느낀 것과 실제로 쓴 글 사이에 터무니없는 거리가 있었다. 나는 그런 글을 쓰려던 게 아니었다. 그런데 막상 쓰면 원래 말하고 싶었던 바를, 마음속으로 생각했던 것을 도무지 쓸 수 없었다. '감동했습니다.'나 '아주 재미있었습니다.' 같은 흔해 빠진 말만 나왔다.

"왜일 것 같지?"

"글을 못 쓰니까요. 전 재능이 없어요. 국어도 못하는걸요."

"내 생각은 좀 다른데. 재능 같은 건 상관없어.

넌 분명 답을 너무 빨리 정하는 거야."

"답을 너무 빨리 정해요?"

"그래. 성격이 급한 건지 귀찮아서 그러는 건지 답을 너무 빨리 정해. 바꿔 말하면 말을 너무 빨리 정해. 급하게 답을 얻으려고 하다 보면 간단한 덧셈 문제도 틀리곤 하잖냐? 마찬가지로 문어도리 넌 '말의 계산'을 틀리는 거야. 침착하게 풀면 풀 수 있는 문제를 말이지. 그래서 글을 쓰면 쓸수록 네 마음에서 멀어지는 거고."

말의 계산을 틀린다고? 이게 무슨 말이지?

"음, 그러니까 말을 너무 빨리 정하고 문제도 틀리고······."

아저씨는 집게발을 벌리며 웃었다.

"그럼 물건을 살 때에 빗대어 볼까? 잠깐 이 영상을 보렴."

말을 급하게 정하면 안 되는 이유는

"와! 이게 뭐예요?"

어디 먼 곳에서 프로젝터를 비춘 듯 빛이 투사되더니 수많

은 과자가 나타났다. 거의 실제 편의점 크기만 한 과자 코너 영상이었다. 캄캄했던 주위가 갑자기 밝아지며 색채를 띠었다.

"굉장하다! 이거 편의점 과자 코너죠?"

"그래. 이 중에서 가격 상관없이 고른다면 뭘 고르겠냐?"

"아무거나 다 돼요?"

"그럼. 잘 생각해 보렴."

나는 전체를 죽 훑어보고 파래맛 다시마 과자를 골랐다.

"이거요."

"그렇구나. 왜 그 과자를 골랐지?"

"음, 좋아하거든요. 맨날 먹어요."

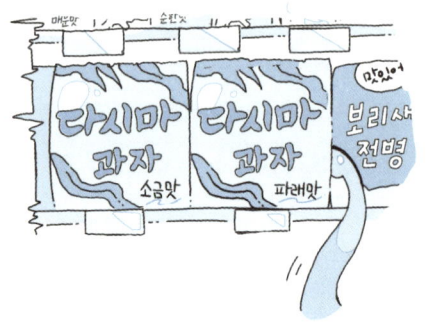

"그래, 그러냐."

아저씨는 다시금 선반을 둘러보며 말했다.

"문어도리, 이 커다란 선반엔 과자가 40종류 넘게 있어. 과자, 초콜릿, 비스킷, 사탕 그리고 젤리까지. 넌 아마 전부 훑어보기도 전에 막연히 늘 먹던 걸 고르지 않았을까? 딱히 싫어하지 않는 맛이기도 하고, 배도 적당히 채울 수 있으니까."

"네, 그럴지도요."

"그렇게 과자를 고른 걸 사고했다고 할 수 있을까?"

"사고했다고 할 수 있을 정도는 아니지만 전 진짜로 다시마 과자 좋아하는데요."

"좋아하는지 아닌지는 일단 제쳐 놓고, 아저씨가 알고 싶은 건 문어도리 네가 진지하게 과자를 골랐는가야."

"으음, 그렇게 말하자면…… 글쎄요. 그렇게까지 진지하게 고른 건 아닐지도요. 눈에 띄길래 골랐다고 할지."

"그럼 다시 독서 감상문 이야기로 돌아가 보자. 문어도리 넌 감상문을 쓸 때도 그다지 깊이 생각하지 않고 막연히 자주 쓰는 말이나 흔히 하는 말을 고르는 게 아닐까?"

"네?"

"문어도리, 너 《헤엄쳐 메로스》*를 읽어 본 적 있냐?"

"아, 국어 교과서에서 읽었어요. 못된 왕한테 대신 인질로 붙잡혀 준 친구를 구하러 돌아가기 위해 주인공 메로스가 며칠씩 헤엄치며 모험하는 이야기죠? 엄청 감동받았어요."

"그래. 그럼 《헤엄쳐 메로스》 감상문에 '매우 감동받았습니다.'라고 썼다 하자. 틀린 말도 아니고 거짓말도 아냐. 넌 실제로 무척 감동받았으니까."

"네."

"그런데 넌 정말 감동적이라고 생각했을까? 오히려 '감동'이란 말은 아예 떠오르지도 않았던 게 아닐까?"

"그게 무슨 뜻이에요?"

"예를 들면 이런 생각들을 했겠지."

---

*《헤엄쳐 메로스》: 일본의 소설가 다자이 오사무의 소설 《달려라 메로스》의 이야기와 등장인물을 이 책의 바닷속 배경 설정에 맞춰 패러디한 가상의 문학 작품.

① 정말 나쁜 왕이군! 완전 못됐어!

② 아니! 메로스가 친구에게 잠시 인질로 잡혀 있어 달라고 부탁했어!

③ 그 부탁을 받아들이다니! 둘의 우정에 가슴이 찡해졌어.

④ 아, 메로스의 대사는 정말 한 줄 한 줄 멋지다니까.

⑤ 메로스가 계속 위험에 처하는데? 너무 조마조마해!

⑥ 친구를 구할 수 있는 시간이 이제 얼마 없어! 어떡해?

⑦ 마치 내가 메로스와 함께 헤엄치는 기분이 들어.

⑧ 그렇게 읽다 보니 나까지 녹초가 된 것 같아.

⑨ 친구가 처형되기 직전에 메로스가 도착하다니, 대박!

⑩ 메로스가 친구와 포옹하는 장면에선 눈물이 막 쏟아졌어.

"이런 식으로 감동이란 단어만으로는 절대 요약할 수 없는, 여러 감정을 느끼지 않았을까?"

"네. 그랬어요."

"그런데도 막상 독서 감상문을 쓰면 '감동했습니다.'나 '놀랐습니다.', '재미있었습니다.' 같은 흔해 빠진 말만 쓰게 돼. 순간적으로 떠오른, 어디에나 쓸 수 있는 편리한 말로 대충 감상문을 끝맺고 말아. 그러다 보니 지우개조차 거의 쓰지 않고."

"……."

"그건 깊이 사고하지 않고, 아까처럼 평소에 주로 먹는 과자를 고르는 것하고 마찬가지가 아닐까?"

"비슷할지도요."

"아저씨는 문어도리 널 나무라는 게 아냐. 그저 좀 더 시간을 들여서 진지하게 찾아보면 다른 말을 발견할 수 있지 않았겠느냐는 거지. 자기감정에 딱 들어맞는 말을."

"……그런 말을 발견할 수 있었을까요?"

"그럼, 물론이지. 넌 글을 못 쓰는 게 아냐. 그저 말을 너무 빨리 정하는 것뿐이야. 귀찮으니까 말을 찾는 작업을 포기하고, 흔하고 편리한 말로 해결하려고 해. 그래서 자기감정에서 멀어진 글이 되는 것뿐이란다."

소라게 아저씨의 말이 끝나자 눈앞 가득했던 과자 코너 영상이 훅 사라졌다.

언어폭력은 왜

"그렇지만 솔직히 전 글을 잘 쓰게 되고 싶은 건 아닌데요. 글짓기 대회에서 상을 타고 싶다는 생각은 없는걸요. 아저씨 말씀은 알겠지만, 저랑은 딱히 상관없는 거 아니에요?"

"물론 아저씨도 네 글솜씨가 좋아지길 바라는 건 아냐. 하지만 말을 너무 빨리 정하면 여러 가지 문제가 일어날 수 있거든. 글쓰기뿐 아니라 일상생활에서도 말이지."

"어떤 문제요?"

"음, 예를 들면 '언어폭력'이란 게 있잖냐?"

"언어폭력요?"

"상대방의 존재, 존엄, 자존감을 송두리째 부정하고 가슴

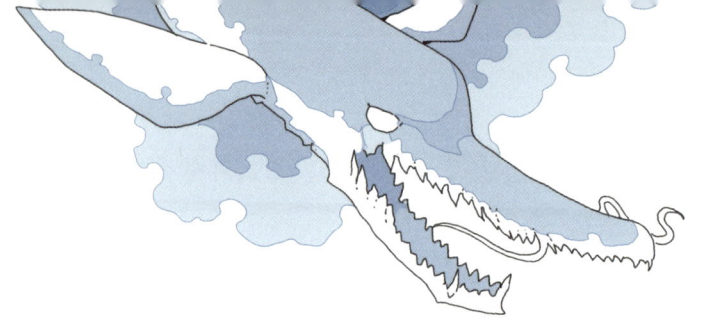

을 후벼 파는 말. 언어폭력을 당했을 때, 우리는 누군가에게 주먹으로 얻어맞았을 때보다 더 깊게 마음의 상처를 입어. 얻어맞은 아픔은 그래도 며칠 지나면 없어지지만 언어폭력은 평생 낫지 않는 경우도 있거든."

"……맞아요."

그렇다. 중학교에 들어온 뒤로, 나는 수많은 말로 괴롭힘을 당했다. 바보, 멍청이 같은 말은 싫기는 해도 그렇게 큰 상처는 아니다. 하지만 '삶은 문어'는 아주 싫고, 징그럽다는 말은 더 싫다. 날치나 무리는 툭하면 징그럽다, 삶은 문어다 같은, 내가 가장 상처받는 말을 쓴다.

"유감이지만 어른들도 언어폭력을 쓴단다. 주먹으로 때리는 대신 말을 칼처럼 휘둘러서 푹푹 찔러. 그런 언어폭력은 왜 일어날까? 아마 이유는 두 가지일 거다."

"뭔데요?"

"첫째는 말의 효과를 알기 때문이야. 아마 말 때문에 상처 받은 경험은 누구한테나 있을 거야. 그러니까 어떤 말을 하면 어떤 효과가 있는지를 알아. 그 말을 하면 단번에 상대방을 입 다물게 할 수 있다는 걸 알아. 그러니까 자기한테 상처를 줬던 말을 그대로 하면서 큰 소리로 고함치는 거란다."

"아……."

"그런데 왜 상대의 입을 다물게 하고 싶은 걸까? 여기에 두 번째 이유가 있어. 바로 귀찮아서지."

"귀찮다고요?"

"그래. 언어폭력은 말이지, 서로 의견을 주고받을 때 주로 생겨. 말다툼도 의견을 주고받는, 일종의 논의라고도 할 수 있고. 그러니까 원래는 자기 생각을 잘 설명해서 상대방이 받아들일 수 있게 해야 해."

"네, 저도 그렇다고 생각해요."

"그런데 잘 설명하려면 귀찮거든. 논리적으로 설명하는 것도, 상대의 반박을 듣는 것도, 자기가 느끼는 바를 말로 설명하는 것 자체가 귀찮아. 거기에 시간과 노력을 들이는 것도 귀찮고. 그런 여러 귀찮음이 충돌하면 '폭력'이라는 한 방에 역전할 수 있는 수단이 머릿속에 떠오르는 거지. 폭력을 사용하면 상대방을 굴복시킬 수 있으니까."

"그래서 주먹을 확 휘두르는 건가요?"

"아저씨가 어렸을 땐 그러는 어른도 많았어. 하지만 요즘은 언어폭력이 더 많은 것 같구나. 주먹을 쓰는 폭력도, 말에 의한 폭력도, 소리를 질러 상대방을 입 다물게 하는 것도 그런 사람들한텐 가성비가 좋은 방법인 거야. 고약하지."

"가성비가 좋아요?"

"폭력을 쓰면 말로 설명하는 수고는 덜 수 있으니까. 게다가 상황이 자기한테 불리해졌을 때도 고함치면서 얼버무릴 수 있고 말이야."

"너무해요."

"물론 고약한 일이야. 특히 당하는 입장에선 터무니없지.

그렇지만 너도 언어폭력을 휘두르는 입장이 될 수 있거든? 아까, 말이 헛 나온다는 이야기를 했지?"

나는 다시 어머니에게 했던 말을 떠올렸다. 사실, 그건 말이 헛 나온 것만은 아니었다. 나는 그때 만사가 귀찮아져서, 말로 표현하지 못하는 자신이 답답해서 그런 말을 했다. 그 말로 이야기를 끝내려 한 것이다.

"그래서 아저씨는 일기를 쓴단다. 귀찮더라도 공들여서. 서두르지 않고 몇 번이고 말을 지우개로 지워 가면서. 차분하게 나 자신과 대화해. 그러면서 차츰 나를 말로 표현할 수 있게 됐고, 나 자신도 알게 된 것 같구나."

"자기 자신을 안다는 게 무슨 뜻이에요?"

"우리 인생에서 가장 큰 수수께끼, 마지막 순간까지 내내 따라다니는 수수께끼는 '자기 자신'이야. 나는 누구인가? 마음속 깊은 곳에 있는 나는 무슨 생각을 하고 뭘 바라는가? 앞으로 어디로 가려는가? 물론 그런 물음과 마주하지 않고 사는 것도 가능해. 생활에 치이고 학교에 치이고 직장에 치이면서 그냥저냥 살아가도 돼. 하지만 아저씨는, 나 자신을 알고 싶었어. 그리고 이제 조금은 알게 됐다는 생각이 드는구나.

일기를 써 온 덕분에."

그렇게 말하고 아저씨는 노트를 내려다봤다. 만년필이 마법처럼 저절로 글자를 막힘없이 써 내려가고 있었다.

"저도 일기 정도는 쓴 적 있다고요. 그런데 하나도 재미없었고 저 자신에 대해 알게 된 게 아무것도 없었는데요."

내 반론에 아저씨는 다정하게 미소 지으며 말했다.

"분명히 그건, 일기가 아니었을 거다."

있었던 일이 아니라 생각한 것을 써 봐

"일기가 아니었을 거라고요? 읽어 본 것도 아니면서 왜 그런 말을 하세요?"

"쓰면서 재미없었다며. 왜 재미가 없었을까?"

"뭘 써야 할지 모르겠으니까요. 매일 일기를 쓰니 차라리 글짓기가 낫겠어요. 그게 훨씬 편했다고요."

"편했다고? 글짓기가 더 쉬웠다는 거냐?"

"네. 글짓기는 매번 운동회나 소풍에 관해서 쓰라는 등 주제가 정해져 있잖아요. 그런데 일기는 뭘 써야 할지 모르겠으니까 매일 똑같은 내용을 쓰게 된다고요."

"그건 또 왜?"

"백화점에 갔다든지 놀이동산에 갔다든지 그런 이벤트가 있었던 날은 괜찮지만 날마다 어디 가는 것도 아니고요. 특히나 여름 방학 땐 어제나 오늘이나 하는 일이 비슷하잖아요."

"그렇구나. 그럼 아저씨가 답을 알려 주마. 일기란 매일 있었던 일을 기록하는 게 아냐. 그날 무슨 일이 있었는지를 쓰는 게 아니라 그날 무슨 생각을 했는지, 그날 어떤 사고를 했는지를 쓰는 거야. 그런 관점으로 하루를 돌아본다면 어제랑 똑같은 날은 하루도 없을걸."

"그날 무슨 생각을 했는지요?"

"그래. 문어도리 너도 날마다 무슨 생각이든 하잖냐?"

"엥, 꼭 그렇지도 않아요. 의외로 멍하니 있을지도요."

"예를 들어 넌 아까 과자를 골랐지?"

"네."

"그럼 오늘 집에서 그 과자를 먹었다고 치자. 그때 넌 무슨 생각을 했을까?"

"맛있다고요."

"그것 말고는?"

"으음……. 목이 마르다든지, 손에 묻어서 싫다든지?"

"그게 왜 싫은데?"

"조개폰이랑 만화책이랑 게임기 컨트롤러가 지저분해지니까요."

"네 물건을 깨끗하게 유지하고 싶구나?"

"네. 조개폰 화면에 뭐가 묻거나 금 가는 건 엄청 싫어요."

"방이 어질러져 있는 건?"

"그건 괜찮아요. 별로 신경 안 써요."

"그럼 왜 조개폰 화면은 신경 쓰는 걸까? 방이 어질러져 있는 거랑 뭐가 다르지?"

"방은 그냥 방이지, 제가 아니잖아요. 조개폰은 저랑 더 가깝다고 할지, 제 일부분이라고 할지. 조개폰이 지저분한 건 제 얼굴이 지저분한 거랑 같아요."

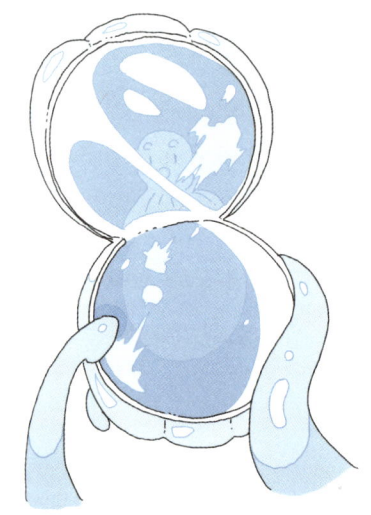

"아하, 재밌는 의견이구나. 그럼 조개폰 말고도 그렇게 생각되는 물건이 또 있을까? 자기 얼굴처럼 생각되는 게."

"으음, 조개폰 말고는……. 방 거울이라든지, 책가방이 지저분한 것도 좀 싫네요."

"그럼 가방도 네 일부인 것처럼 느껴져?"

"아뇨, 그런 건 아니고 파트너? 언제나 함께하는 파트너 같은 느낌이에요."

"어떤 점에서?"

"뭐랄까, 좋아하는 열쇠고리도 달 수 있고 필요한 게 모두 들었잖아요. 책가방을 잃어버리면 큰일 날걸요?"

"그거 보렴. 다시마 과자를 먹었다는 작은 일만으로도 자신한테 질문을 이어 가다 보면 사고가 점점 깊어지잖냐. 일기에 그런 걸 쓰면 되는 거야. 어때? 얼마든지 날마다 다른 내용을 쓸 수 있을 것 같지 않아?"

아닌 게 아니라 아저씨에게 질문을 받다 보니 정말 이야기가 생각지도 못한 방향으로 흘러갔다. 내가 초등 여름 방학 때 쓴 일기와 전혀 딴판이고, 이렇게 쓸 수 있다면 일기 쓰기가 무척 즐거울 것 같았다. 하지만 나에게는 무리다. 나 혼자서는 이런 식으로 쓸 수 없을 것 같다.

"날마다는 어려울 것 같은데요."

"왜?"

"지금은 아저씨가 도와줬으니까 가능했지만 저 혼자선 그런 식으로 생각하지도 못하고 혼자 써 봤자 재미없는걸요."

"하하! 문어도리, 그렇지 않아."

아저씨가 작게 숨을 내쉬더니 중얼거렸다.

"쓸쓸함에 대해 이야기했던 거, 기억나니?"

혼자 있는 시간은 때론
진정한 나 자신이 되는 시간

"네, 쓸쓸함에 두 종류가 있다고 했어요."

"그래, 아이의 쓸쓸함과 어른의 쓸쓸함이었지. 그리고 네가 어른의 쓸쓸함을 알기 시작한 걸지도 모른다고 했어."

"좀 더 쉽게 설명해 주세요."

"먼저 아이의 쓸쓸함은 한마디로 주위에 아무도 없을 때 느끼는 쓸쓸함이야."

"주위에 아무도 없을 때요?"

"그래. 집에 아버지도 없고 어머니도 없으면 쓸쓸하지. 놀이동산이나 백화점에서 미아가 되면 쓸쓸하기도 하고 불안해서 울음이 나오려 할 거야. 물론 어른도 혼자가 되면 쓸쓸해. 어떤 의미에선 자연스런 감정이야."

생각해 보니, 나도 어렸을 때 혼자 집에 있으면 불안했다. 텔레비전을 봐도 게임을 해도 등 뒤에 싸늘한 공포가 느껴질 때가 있었다. 그래서 부모님이 집에 오면 그것만으로도 기뻤다.

"그런데 어른이 되면 다른 종류의 쓸쓸함을 느끼게 돼. 혼자 있는 게 아닌데도 쓸쓸하단 말이지."

"혼자가 아닌데도요?"

"그래. 가족이나 친구와 함께 있어도 누군가와 말을 주고받고 있어도 쓸쓸할 때가 있어. 친구도 가족도 있고, 웃음도 즐거운 시간도 있는데 쓸쓸한 거야."

"친구가 있는데도요? 어째서요?"

"거기에 '자기'가 없거든."

"네?"

"아까 광장 벤치에 앉아 있는 어른들 봤지? 그 사람들은 다들 혼자가 되고 싶어서 공원에 온 거야."

"직장에서 괴롭힘을 당한 거예요?"

"거기까진 나도 몰라. 다만 혼자가 되고 싶은 이유는, 다른 사람들과 함께 있으면 '자기 자신'으로 있을 수 없어서야. 회사나 집, 네 경우엔 학교라든지, 그런 장소에서 계속 사람들과 있다 보면 그 누구도 아닌 나 자신으로 있을 수 없게 되거든."

"왜요?"

"생각해 보렴. 학교에 있을 때, 아버지 어머니랑 함께 있을 때, 아니면 방에 혼자 있을 때. 다 똑같은 너인데도 각각 다른 네가 있는 것 같지 않냐?"

방에서 혼자 책상에 발을 올려놓은 내가 떠올랐다. 교실에서 주뼛거리는 나, 어머니 앞에서 짜증 내는 나도 떠올랐다.

"어른이 될수록 우리는 상황에 맞춰 각각 다른 얼굴로 살아가게 돼. 딱히 연기하는 건 아니고, 원래 그런 거야."

"벤치에 있던 어른들도요?"

"그래. 회사에 있는 나, 일로 만난 사람과 있는 나, 부모인 나, 남편인 나, 아내인 나. 여러 모습이 있어. 그렇게 살다가 가끔씩 이렇게 공원을 찾아. 사람들한테서 벗어나 혼자만의

장소에서 아무것도 아닌, 다른 사람 시선을 신경 쓰지 않는 자신을 되찾는 거지. 네가 이 공원에 온 것도 같은 이유 아니었을까?"

내가 혼자가 되고 싶었는지 아닌지는 알 수 없지만, 홀로 공원 광장을 바라봤을 때 매우 기분이 좋았던 것은 틀림없다. 아무도 나를 보지 않는 장소에서 모든 것을 잊을 수 있는 순간이 내게도 있었다.

"그럼 저도 가끔 공원에 와서 혼자가 되면 되나요?"

"물론 그것도 좋아. 기분 전환도 될 거고. 다만 아저씨 경우엔 글쓰기로 혼자가 될 수 있단 말이지."

"글쓰기로요?"

"그래. 노트를 펼치면 나만의 세계가 기다리고 있으니까."

"나만의 세계라니요? 그냥 일기장 아니에요?"

"자, 이제 이 방의 비밀을 밝히기로 할까. 여기가 어디인지, 그리고 저 문이 무엇인지."

'나'라는 던전을 모험한다는 것은

소라게 아저씨는 그렇게 말하고는 만년필과 노트를 집어 들었다. 어마어마한 속도로 뭔가를 끄적이던 만년필과, 아저씨의 일기장이다.

"알겠냐, 문어도리, 기회는 한 번뿐이니까 눈을 크게 뜨고 똑똑히 보렴."

아저씨는 마치 특별한 묘기를 보여 주려는 마술사처럼 내 얼굴을 쳐다봤다. 그러더니……. 탁!

아저씨가 두 손으로 노트를 덮었다.

"어?"

갑자기 주위가 환해졌다. 내 옆에는 껍데기를 등에 진 소라게 아저씨가 장난기 어린 미소를 짓고 있었다.

"어? 어? 어라?"

이럴 수가, 나와 아저씨는 공원에 있었다! 어느새 캄캄한 지하실에서 공원 덤불 근처로 온 것이다.

"어? 어라, 엥? 이게 어떻게 된 거예요?"

"하하하, 아까 네가 연 문은 사실 이거였거든."

아저씨가 낡은 일기장을 들어 보였다.

"아까 말했지? 우리한테 가장 큰 수수께끼는 자기 자신이라고. 우리는 자기라는 수수께끼를 풀기 위해 일기라는 문을 열어. 펜을 들어, 문을 여는 거야. 말하자면 펜은 문을 여는 열쇠 같은 거란다."

"일기장이 문이라니요? 아저씨, 대체 무슨 소리예요?"

"너랑 같이 들어간 지하실은 아저씨의 머릿속에 펼쳐진 마음의 던전이었어."

"마음의 던전요?"

"그래. 우리 마음은 던전처럼 복잡하거든. 마음은 수수께

끼로 가득 차 있어서, 우리는 그 수수께끼를 풀려고 해. 그런데 아저씨의 던전은 아저씨만 공략할 수 있단 말이지. 네 던전은 문어도리 너만 공략할 수 있고."

"잠깐만요, 아저씨. 너무 어려워요."

"일기를 쓴다는 건 말이지, '나'라는 던전을 모험하는 일이야. 끝이 존재하지 않고 날마다 변화하는 던전을 말이지. 그래도 던전을 나아가다 보면 조금씩 수수께끼가 풀려. 자신이 어떤 사람인지 알게 돼. 오늘 일기를 쓰면, 스테이지를 하나 깨게 되는 거야. 내일 또 일기를 쓰면 스테이지를 하나 더 깨는 거고. 그렇게 점점 자신의 내면 깊은 곳을 탐험하는 거야. 어때, 재미있을 것 같지 않냐?"

"네? 그럼 전 아까 아저씨 일기 속에 있었던 거예요?"

"그래. 아저씨는 네 옆에서 일기를 쓰고 있었어. 너와 의식을 하나로 연결해서 말이야. 그러니까 우린 진짜 계단을 내려간 게 아니고, 같이 열었던 문도 실은 이 노트 표지야."

나는 머리가 어질어질했다. 뭐가 뭔지 모르겠다.

"문어도리, 일기를 꼭 써야겠다고 마음먹지 않아도 돼. 매일 기록하지 않아도 돼. 하지만 비밀 노트를 들고 매일 밤 나만의 던전을 모험하는 건 즐겁거든. '나'라는 수수께끼가 풀리면서 분명 너 자신을 좋아하게 될 거야."

"저 자신을 좋아하게 된다고요?"

"그래. 거기에 관해선 다음에 다시 찬찬히 이야기하자. 내가 사정이 좀 있어서 여기에 오래 있을 수 없거든."

말 해파리가 아저씨 주위를 빙글빙글 헤엄쳤다. 뭔가 경고하듯, 얼른 가자고 재촉하는 움직임이었다.

"아저씨는 이 공원 어딘가에 늘 있을 테니까 언제든지 놀러 오렴. 오늘 이야기 많이 해서 즐거웠어. 고맙다."

"……네."

"내일 학교는 어쩔래?"

"일단 오늘 밤에 부모님이랑 이야기해 보려고요."

"그러게. 그게 좋겠네. 분명 너희 부모님도 네 마음을 이해해 주시지 않을까?"

말을 하면 마음이 후련해진다는 소라게 아저씨의 말은 사실인 듯했다. 무척 혼란스럽기는 했지만, 아저씨와 많은 이야기를 한 덕에 마음이 꽤 가벼워졌다. 지금 같으면 부모님에게도 솔직한 심정을 이야기할 수 있을 것 같았다.

"그럼 조심해서 가라. 던전을 모험하는 것, 잊지 말고."

나는 아저씨에게 손을 흔든 뒤 광장 한가운데를 지나 버스 정류장으로 향했다. 맞은편 벤치에는 여전히 어른들이 드문드문 앉아 있었다. 조개폰으로 뭔가를 보거나 멍하니 허공을 바라보는 어른도 있었다. 혼자만의 장소에서 혼자만의 시간을 만들어 아무것도 아닌 자기 자신을 되찾고 있는 것이다. 어른들의 마음을 조금은 알게 된 것 같아 기뻤다.

공원 입구가 보이는 곳까지 왔을 때, '조심!'이라고 쓴 간판이 눈에 띄었다.

간판에는 소라게 그림과 더불어 '흰 껍데기 소라게가 아이들에게 말을 걸어 납치하려는 사건이 빈번히 발생하고 있습니다. 이 수상한 인물에 대해 제보할 것이 있는 분은 경찰에 연락 바랍니다.'라고 쓰여 있었다.

'내가 사정이 좀 있어서 여기에 오래 있을 수 없거든.'

아저씨가 했던 말이 귓가에 메아리쳤다.

혹시 이 수상한 인물이라는 게, 소라게 아저씨? 아저씨는 대체 뭐 하는 사람이지? 아저씨를 믿어도 되는 걸까?

나는 벌렁벌렁 뛰는 가슴으로 버스에 올라탔다.

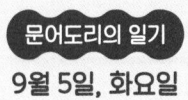
9월 5일, 화요일

오늘 학교에 가지 않았다. 늘 타던 버스를 타고 학교 앞까지 가 놓고 정작 버스에서 내리지 못했다.

공원에서 이상한 소라게 아저씨를 만났다. 물살이 거칠어져서 아저씨의 껍데기에 들어갔는데, 안은 엄청나게 넓은 방이었다. 아저씨는 신기한 걸 많이 보여 주고 기이한 이야기를 많이 해 주면서 나한테 일기를 써 보라고 했다. 그런데 밖에 나와 보니 공원 입구에 지명 수배 같은 간판이 서 있었다. 어쩌면 소라게 아저씨는 나쁜 짓을 한 범인일지도 모른다.

집에 왔는데 어머니가 아직 돌아오기 전이었다. 전화를 하거나 메시지를 보내지 않은 걸 보면 내가 결석한 줄 모르는 것 같았다. 저녁 7시 넘어서 어머니가 돌아왔을 때, 나는 소파에서 자고 있었다.

"얘, 이 시간에 자면 이따 밤에 못 자잖니?"

어머니는 여느 때와 다름없는 분위기로 누워 있는 내 옆을 지나갔다. 역시 들키지 않았구나 싶었다. 아버지는 밤 10시 지나서 집에 왔다.

내 방에서 조개폰을 보다가 귀를 기울여 보니 거실에서 부모님 목소리가 들렸다. 내가 아니라 직장이랑 출장 이야기를 하는 것 같았다. 살며시 문을 열고 "아버지, 오셨어요?"라고 하자, 아버지는 "그래, 다녀왔다."라고 말하며 곁

눈으로 나를 슬쩍 보고는 어머니와 이야기를 계속했다.

학교에 가지 않았다는 것과 나쁜 짓을 한 범인일지도 모르는 소라게 아저씨를 만났다는 이야기를 어떻게 꺼낼까 생각하다가, 갑자기 겁이 나서 그만두기로 했다. 그리고 들릴 듯 말 듯한 목소리로 "안녕히 주무세요."라고 인사하고 거실에서 나왔다.

방으로 돌아와 아저씨를 생각했다. 바다보다 넓은 방, 성벽 같은 책꽂이, 아저씨의 던전, 그리고 그곳의 문을 연 나……. 뭐 하나 현실 같지 않았다. 아마 부모님에게 이야기해도 믿지 않겠지.

아저씨는, '아무에게도 할 수 없는 말'은 나 자신과 의논하면 된다고 했다. 글로 쓰면 머릿속이 정리되면서 나라는 던전의 스테이지를 하나씩 깰 수 있다고 했다.

공원에서 오는 길에 편의점에 들러 노트를 샀다. 그렇지만 일기를 여기까지 썼는데도 '뱅글뱅글'이 하나도 개운해진 것 같지 않다. 던전을 모험하는 기분이 전혀 들지 않는다.

이젠 나도 모르겠다! 바보 같다. 아저씨가 한 말이 거짓이거나 내가 글 쓰는 재능이 없거나 둘 중 하나다.

내일 한 번 더 아저씨를 만나 확인해 봐야겠다.

3장

내 일기의 독자는 '나'

쓰려고 하면 오히려 쓸 수 없어

"그래서, 방으로 돌아와서 어떻게 했지?"

소라게 아저씨가 내 옆을 걸으며 커다란 눈으로 내게 물었다. 우리는 같이 바닷속 시민 공원을 가로지르고 있었다. 아저씨의 제안으로 공원을 지나면 나오는 하얀 산호 수풀로 가는 길이었다.

오늘 아침, 나는 학교를 결석했다. 배가 아파 학교를 쉬면 좋겠다고 말했더니 어머니가 학교에 전화해 주었다.

"엄마 오늘 집에 늦게 올 것 같은데 괜찮겠어?"

작년 봄 무렵부터 어머니는 나와 나눌 이야깃거리를 고르기 시작했다. 공부나 학원 이야기는 꺼내지만 학교나 친구 이야기는 피한다. 이유는 나도 알고 있다. 작년 봄, 내가 책상에 꺼내 둔 음악 교과서를 어머니가 봤기 때문이다. 누가 봐도 나를 그린 게 틀림없는 문어가 빨간 펜으로 거칠게 그려진 채 구깃구깃해져 있었다. 교과서에 그려진 문어는 '괴롭히지 마!'

하고 먹물을 뿜으며 울고 있었다.

어머니는 아무것도 못 본 척했지만 그날부터 나를 대하는 태도가 확연하게 달라졌다. 심지어 내가 가기 싫다고 하면 학교도 결석하게 해 주었다.

"그럼 방에서 푹 쉬렴. 게임은 해도 되지만 딱 한 시간만이야. 배가 아파서 학교에 안 가는 거니까."

어머니를 배웅한 뒤 방으로 돌아와 나갈 준비를 했다. 그리고 잠시 망설이다가…… 어제 쓴 일기장과 호신용 경보기를 가방에 챙겼다.

아침 아홉 시가 지나서 공원에 도착하니 광장 근처에 아저씨의 하얀 껍데기가 보였다. 바위처럼 울퉁불퉁하고 이렇다 할 특징 없는 껍데기. 그런데 그 안에 들어가면 바다보다 넓은 공간이 펼쳐진다. 성벽 같은 책꽂이가 늘어서 있고, 말 해파리들이 헤엄친다.

새삼 신기하다고 생각하며 껍데기를 살짝 두드렸다.

뒤에서 "안녕." 하고 낮은 목소리가 들려와 돌아보니 분홍

색 껍데기를 등에 진 아저씨가 의기양양하게 웃고 있었다.

"어? 그 껍데기는 어떻게 된 거예요?"

"아침에 산책하다가 딱 좋은 크기의 껍데기를 발견했지 뭐냐? 마침 예전 집이 많이 낡은 터라 이참에 이사 좀 했지."

지난번에 공원 입구에서 본 간판 속 소라게가 정말 아저씨가 맞을지도 모른다는 생각이 들었다. 껍데기만 바꿔 경찰의 눈을 피하려는 것이다. 분홍색은 더 눈에 띌 텐데. 아저씨는 의외로 바보일지도 모르겠다.

"좀 화려한 집이네요."

"어울리지? 가끔은 이런 산뜻한 색깔도 좋을 것 같아서."

그러더니 아저씨가 오늘은 하얀 산호 수풀에 가자고 했다.

"왜요? 전 아저씨 집이 좋은데."

"이사한 지 얼마 안 돼서 집 정리가 아직 덜 됐거든."

"그럼 공원 어딘가에서 이야기해요."

"으음, 계속 여기서만 이야기하면 재미없잖니. 게다가 하얀 산호 수풀에선 아무도 우리를 못 볼 거야."

아무도 우리를 못 볼 거라니! 그 말이 꾀병을 부려 학교에 안 간 나를 위한 건지, 아저씨를 위한 건지 알 수 없었다.

"그래서, 방으로 돌아와서 어떻게 했지?"

"일기를 써 봤어요."

나는 애써 당연하다는 투로 대답했다.

"써 봤더니, 어떻던?"

"어려웠어요. 어제 아저씨랑 이야기했을 땐 쉽게 쓸 수 있을 것 같았는데……."

"어렵게 느껴진 이유는 생각해 봤고?"

"첫 줄부터 막혔어요. 뭘 어떻게 써야 할지도 모르겠고."

나는 정말 진심으로 일기를 쓰려고 했다. 아저씨가 하라고 해서가 아니다. 나라는 던전을 모험해 보고 싶었기 때문이다. 나 자신과 나누는 대화도 경험해 보고 싶었다. 책상에 앉을 게 기대됐다. 그런데 막상 펜을 들자 손이 안 움직였다. 얼마 안 썼는데도 금세 쓸 말이 떨어졌다. 그러는 사이 싫증이 나서 결국 이전과 다를 게 아무것도 없는, 여름 방학 일기 같은 내용만 쓰고 말았다.

"그럼 별로 즐기지 못했겠구나."

"재미도 없었고 분했어요."

"분해?"

"아저씨는 분명 제가 일기를 못 쓴 것도 '사고'를 하지 않아서 그렇다고 할 거잖아요. 그게 납득이 안 된다고 할지, 어째 바보 취급을 받는 것 같아요. 저도 제 나름대로 사고하고 있는데."

"아니, 넌 분명 사고하고 있었을 거다."

"그럼 왜 못 쓴 건데요? 그야 제가 글 쓰는 재능이 없어서 그런 거라면 몰라도요."

"혹시 넌 글을 쓰려고 했던 게 아닐까?"

"네? 그건 당연하잖아요."

"글이란 말이지, 쓰려고 하면 쓸 수 없게 되거든."

네 기분을 스케치해 봐

"쓰려고 하면 더 쓸 수 없게 된다고요?"

"그래. 글쓰기가 어려운 게 그 점이야. 문어도리 넌 어제 하루 동안 있었던 일을 돌아보면서 일기장에 네 솔직한 기분을 적으려고 했어. 그렇지?"

"네."

"그런데 잘되지 않았어. 쓰려고 하는데 자꾸 막혔어."

"맞아요. 손만 그런 게 아니라 머리랑 몸까지 딱딱하게 굳어 버리더라고요!"

"그럼 이렇게 한번 생각해 볼까? 자, 수업 시간에 스케치북에 네 기분을 그림으로 그려 보라고 하면 뭘 그릴래?"

"제 기분을 그림으로……."

나는 잠깐 생각했다. 도무지 멀쩡한 그림이 나올 것 같지 않았다.

"안 되겠어요. 뭘 그려야 할지 모르겠어요."

"그럼 하얀 산호 수풀을 보여 주면서 그리라고 하면?"

"그건 괜찮아요. 눈앞에 있는 걸 보고 그리는 거니까요."

"글쓰기도 마찬가지야. 대뜸 자기 기분을 글로 쓰려고 한들 뭘 써야 할지 알 수

3장 내 일기의 독자는 '나' **117**

없어. 기껏해야 '이제 나도 몰라! 그만둘래!' 하는 소리밖에 안 나올걸?"

"딱 그거예요."

나도 모르게 웃음이 나왔다. 실제로, 일기장에 이젠 나도 모르겠다는 식으로 썼으니까.

"어제도 그런 말만 생각나서 얼마나 난감했는데요."

"반면에 기분을 스케치하는 거면 가능할 거야."

"스케치한다고요? 제 기분을요?"

"그래. 맨땅에서부터 쓰려 하지 말고, 먼저 네 기분을 차분히 관찰해. 풍경을 그리기 전에 스케치하는 것처럼."

"기분이 눈에 보일 리 없잖아요."

"음, 보통은 그렇게 생각하지. 그렇지만 우리 기분엔 스케치할 수 있는 기분이랑 스케치할 수 없는 기분이 있거든."

어느덧 우리는 하얀 산호 수풀에 도착했다. 정적이 감도는 하얀 산호 수풀에는 신령님이 산다고 해서 어느 집에서나 하얀 산호 가지를 부적처럼 장식한다. 심지어 우리 할머니는 내가 하얀 산호 수풀 방향으로 발을 두고 눕기만 해도 화를 낼 정도였다.

"아름다운 곳이구나."

아저씨는 주저하는 기색도 없이 성큼성큼 수풀 속으로 들어갔다.

"앗, 아저씨! 잠깐만요!"

"중요한 건, 자기 기분을 글로 쓰거나 스케치할 때 지금 드는 기분을 스케치하면 안 된다는 거야."

"네?"

나는 아저씨의 거침없는 행동과 진지하게 하는 말이 전혀 어울리지 않아 한 번에 이해가 안 되었다.

"아마 넌 지금 기분을 쓰려고 하지 않았을까? 지금 기분으로 머리가 꽉 차서."

"당연하죠. 일기랑 독서 감상문은 그때 기분을 쓰는 거 아니에요?"

"생각해 보렴. 하루의 끝 무렵에 책상에 앉아 노트를 펴고, 펜을 들었어. 자, 이때 문어도리 넌 어떤 생각을 하지?"

"음, '무슨 이야기를 쓸까?'라든지 '어디서부터 쓸까?' 같은 거요."

"그래. 그게 지금 솔직한 네 지금 기분이겠지. 하지만 그건 일기나 글짓기, 독서 감상문에 쓸 이야기는 아냐. 게다가 지금 드는 기분을 솔직하게 쓰자면 '귀찮아. 쓰기 싫은데.'일 수도 있잖아?"

"학교에서 선생님이 글쓰기를 시킬 때가 딱 그래요!"

"약간 이론적인 이야기를 하자면, '지금'이란 순간은 시곗바늘처럼 계속 움직이거든. 그러니까 내 말은 '지금 기분'이란 건 매초 바뀐다는 거야. 고정된 게 아니니까 진짜 '지금 기분'을 쓴다는 건 불가능한 일이지."

"그럼 뭘 써야 해요?"

"과거의 기분을 쓰는 거야. 과거는 변하지 않으니까."

"과거요?"

"오늘 아침에 탄 버스 안에서 네가 어떤 기분이었는지 기억을 되살려 보렴. 버스에 탔을 때의 널 되돌아보고 관찰하면서 펜을 들어 지금의 문어도리가 과거의 문어도리를 글로 스케치하는 거야."

"지금의 제가, 그때의 저를요?"

"그래. 꼭 누구 다른 사람을 관찰하듯 말이지. 울고 웃으며 이야기하던 과거의 자신을, 어느 정도 시간이 지난 '지금의 자신'이 담담하게 묘사하는 거야. 그럼 쓰다가 막히는 일은 없을걸?"

특정한 순간부터 하나씩 떠올리기

다른 사람을 관찰하듯 과거의 자신을 바라본다?

그러고 보니 어제 나는 펜을 든 채 어떻게 써야 하는지만 생각하면서 머리를 쥐어뜯기만 했다. 그래서 결국 실제 내 기분과 꽤 동떨어진 일기가 되고 말았다. 소라게 아저씨의 말을 빌리자면, 지금의 자신으로 머릿속이 꽉 찬 채.

"그럼 일기를 쓰는 게 나 자신과의 대화라는 건 과거의 자신과 대화한다는 뜻이에요?"

"그래. 그때 자기가 어디 있었고, 뭘 봤고, 뭘 느끼고, 무슨 생각을 하고 있었는지 썼다 지웠다 하면서 펜과 지우개 둘 다를 이용해 과거의 너와 대화하는 거지. 그게 바로 일기장에 스케치를 하는 과정이야. 너라는 던전 깊숙한 곳으로 들어가는 것이기도 하고."

"아저씨, 스케치라느니 대화라느니, 그런 비유로는 여전히 모르겠어요. 구체적으로 어떻게 하면 되는데요?"

아저씨는 멈춰 서더니 나를 향해 돌아섰다.

"예를 들어 어제 저녁 먹을 때를 기억해 본다고 치자. 기억

한다기보단 거기 있던 너를 영상으로 떠올려 본다는 느낌으로. 어때, 보이냐?"

문어도리

어제저녁은 어머니와 둘이 먹었다.
메뉴는 반달 어묵 국수.
하지만 내가 어떤 식으로 먹었는지는
잘 모르겠다.

"으음, 자기 모습을 떠올리기가 생각보다 쉽지 않네요."
"그럼 저녁 먹을 때 네가 본 것들을 떠올려 볼래?"

어머니는 바른 자세로 먹고 있었다.
어머니의 국수는 내 것보다 양이 많이 적었다.
내 국수는 큰 그릇에 가득 담긴 데다
어묵도 미역도 듬뿍 들어 있었다.

문어도리의 어머니

"식탁 위엔 뭐가 있었지?"

식탁 위에 여전히 진로 조사 설문지가 있었다. 거기엔 1차 지망부터 3차 지망까지 아직 아무것도 적혀 있지 않았다.
아버지가 집에 오면 진로 이야기를 하게 되려나 생각했다.

"들리는 소리는 없고? 누구랑 대화를 했다거나."

어머니와 둘이 있을 때 우리는 보지도 않는 텔레비전을 켠다. 텔레비전 소리가 침묵을 메워 준다. 어머니는 직장에서 감기가 유행이라고 말했다.

"학교나 버스에서 옮지 않게 조심하렴."

어머니의 말에 아마 난 제대로 대답하지 않았던 것 같다.

"아버지한테도 조심하라고 해야겠네. 다음 주에 또 출장 가는 모양이야."

어머니가 상을 치우는 동안, 먼저 식사를 마친 나는 텔레비전 오디션 프로그램에서 초등학생쯤 되는 괭이상어가 노래를 부르는 모습을 봤다. 처음 듣는 노래였는데, 어머니가 콧노래로 따라 하는 걸 보니 옛날 노래인가 보다.

"어째 신기하네요. 한번 떠올리기 시작하니까 별별 게 다 생각나요."

"그때 넌 기분이 어땠어?"

"뭐랄까, 기분이 나빴어요. 짜증이 나 있었던 것 같아요."

"그렇구나. 기억이 분명하지 않을 땐, 처음부터 무작정 모든 순간을 한꺼번에 떠올리기보다 방금처럼 특정한 순간부터 하나씩 떠올려 보는 게 좋아. 그럼 앞뒤 기억도 점점 되살아날 테니까."

'그때의 나'에게 질문해 보기

"아하, 기억이란 게 참 재밌네요."

"그럼 그 당시를 떠올린 김에, '그때의 문어도리'를 인터뷰해 볼까?"

"인터뷰요?"

"그래. 지금의 네가 질문을 하고, 그때의 네가 답을 하는 거지. 좋은 질문을 할수록 좋은 대답을 얻을 수 있을 거야. 예를 들어 넌 어제 짜증이 나 있었던 것 같다고 했지?"

"네."

"그러면 너 자신한테 질문을 던져 봐. '왜 짜증이 났는데?' 하고 말이야."

"아니, 질문을 한다고……."

"물론 대답은 돌아오지 않아. 그럼 이번엔 예를 들어 '엄마가 무슨 말이라도 했어?' 하고 질문을 이어 가. 이 질문 하나로 너희 어머니와 주고받은 대화가 많이 떠오를 거다. 어머니가 무슨 언짢은 말이라도 하시던?"

"아뇨, 그런 건 아니에요. 오히려 저를 신경 써 주는 느낌이에요."

"그러면, '엄마랑은 상관없어? 다른 일로 짜증 난 거야?'라고 물어보는 건 어떨까?"

"으음, 그거랑은 좀 다른데요. 그냥 어머니한테 짜증이 났고, 그러고 나서는 저 자신한테 짜증이 났다는 느낌인 것 같아요."

"자, 그럼 '엄마한테 왜 짜증이 났어? 엄마가 무슨 말을 한 것도 아니라면서.'라고 물어봐. 그럼 그때 어머니의 행동이라든지 태도가 생각날 거야. 어때?"

"네. 태도가 마음에 걸린 것 같기도 해요."

"그럼 좀 더 질문을 파고 들어가 볼까? '엄마 태도가 어땠길래?'라고 묻거나, 아니면 '그때 엄마는 어떤 표정이었어?'라고 물어보자. 어때? 뭐 짚이는 데가 있냐?"

"아마 어머니가 아무것도 안 하는 게 짜증이 났던 것 같아요. 학교생활에 관해서도, 진로에 관해서도 아무 말도 안 하고 맨날 제가 상처받을까 봐 지나치게 조심하거든요. 제 눈치만 보면서요."

"그렇군. 어머니랑 관계가 약간 서먹하구나?"

"네. 어머니가 나쁘다는 건 아니에요. 그건 저도 잘 알아요."

"어떠냐, 문어도리? 이렇게 자기한테 질문하면서 인터뷰를 하다 보니까 조금씩 답에 가까워지는 것 같지 않냐? 짜증이

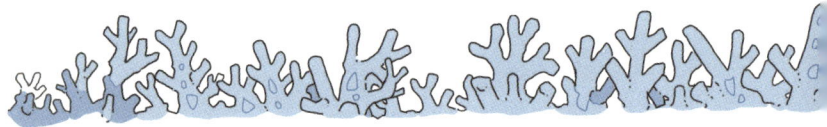

났던 이유를 알 수 있을 것 같지 않아?"

"그게 정말 답일까요?"

"뭐가?"

"전 그냥 짜증이 났던 것뿐인데요. 아저씨도 그럴 때 있지 않아요? 왜 '그냥'이면 안 되는 거예요?"

"아무것도 해결되지 않기 때문이야. 그냥 짜증이 난다, 그냥 불안하다, 그냥 싫다, 그렇게 자기감정을 '그냥'으로 처리해 버리면 아무것도 해결되지 않아. 말 거품이 남아서 계속 커질 뿐이지."

"감정에 답이 있어요? 답이 찾아져요?"

"답을 찾아내는 거야."

아저씨가 단호한 어조로 말했다.

"답은 찾아지는 게 아니라 찾아내는 거다. 지금의 네가, 과거의 네 감정에 대한 답을 찾아내고, 그때 너 자신이 이랬을 거라고 답을 정해. 그렇게 답을 정한 게 아니면 글로 써지지 않아."

사고하지 않는 게 그렇게 나빠?

"아저씨는 참 강하네요."
나는 체념하듯 말했다.
"뭐가 강해?"
"아저씨는 그렇게 답을 정해 버리는 게 무섭지 않아요? 전 좀 무서운데."
"왜?"
"진로를 정하는 것만 해도 그래요. 다들 1차 지망은 이 학교, 2차 지망은 저 학교, 이런 식으로 정하잖아요. 하지만 전 아직 정하고 싶지 않거든요."
"정하고 싶지 않은 이유는 알고?"
"그렇게 한번 정해 버리면 돌이킬 수 없잖아요. 진짜로 입시 준비가 시작된 것 같고, 그럼 남은 건 합격 아니면 불합격뿐인 거니까요."
"문어도리, 네 말처럼 답을 정해 버리기 전엔 아직 가능성이 남아 있겠지. 이쪽으로도 갈 수 있고 저쪽으로도 갈 수 있

다는 가능성. 그런 가능성을 남겨 두고 싶은 마음은 아저씨도 이해돼."

"……네."

"그렇지만 말이지, 그런 가능성 속에서만 살다 보면 우리는 사물을 진지하게 생각하지 않게 되거든."

"왜요, 전 진지한데. 진지하니까, 아직 정하고 싶지 않은 거라고요."

"그래, 넌 진지한 마음이겠지. 하지만 그런 네 마음을 '사고'로 발전시키면 좋겠다는 거야. 아저씨가 그랬잖냐, 사고하는 건 답을 찾으려 하는 것이라고."

"어휴! 대체 뭐냐고요! 맨날 사고해라, 사고해라! 아저씨는 왜 자꾸 사고하라고만 해요? 사고하지 않는 게 그렇게 나빠요? 사고 같은 거 하든 말든 무슨 상관이에요?"

"좋고 나쁘고 하는 문제가 아니야. 사고하지 않으면 위험하거든."

아저씨는 낮고 침착한 목소리로 말을 이었다.

"우리 머릿속엔 수많은 생각이 소용돌이치고 있어. 그 생각들이 말 거품이 되어 쌓이면 머릿속이 탁해지지. 탁해진 머릿속은 어떻게 해서든 맑게 해야 한다고, 지난번에 아저씨가 말했었지?"

"네."

"그럴 때 사고하는 습관이 없으면 어떻게 될까?"

"……몰라요."

"남이 대신 생각해 준 '쉬운 답'을 덥석 받아들이게 돼."

"쉬운 답?"

"그래. 자기 고민을 해결해 줄 것 같은 편리한 대답이지."

"그게 왜 위험해요? 쉬우면 좋잖아요!"

"아닌 게 아니라 쉬운 답이 있으면 납득하게 돼. 탁했던 머릿속이 맑아진 것 같을 거야. 하지만 그 답이 가짜라면? 게다가 누가 널 속이려고 나쁜 의도로 준 답이라면?

스스로 사고하는 힘이 없으면, 거짓말도 꿰뚫어 볼 수 없게 되잖냐?"

"쉽게 속는다는 뜻이에요?"

"그래. 어쩌면 나도 널 속이려고 하는 걸지도 몰라. 지금까지 한 이야기는 모두 거짓말이고, 일기는 써 본 적도 없을지도 몰라. 뭔가 나쁜 꿍꿍이가 있는 엄청난 악당일지도 모르고. 안 그래?"

공원 입구에서 본 간판이 생각났다. 그러고 보니 나는 소라게 아저씨의 이름을 모른다. 직업도 모른다. 어째서 아침부터 일도 안 하고 이런 곳에 있는지, 어째서 나를 상대해 주는지, 왜 하얀 산호 수풀에 가자고 했는지 아무것도 모른다. 가방 깊숙이 넣어 둔 호신용 경보기가 머릿속을 스쳤다.

"아저씨, 지금 저를 속이고 있어요? 저한테 거짓말하는 거예요?"

"물론 속이지 않았어. 거짓말도 안 했고. 다만……."

아저씨는 한숨을 쉬고는 말을 이었다.

"만약 내가 엄청난 악당이었다 해도 네 눈을 보면서 똑같이 말하겠지. 널 속이지 않았다고."

"너무해요······."

"심술궂게 말해서 미안하다. 그만큼 스스로 사고하는 습관이 없다는 건 위험한 일인 거야."

"스스로 사고하는 습관요?"

"바꿔 말하면 글을 쓰는 습관이지."

대화의 90퍼센트는 '대답'

그때 갑자기 책가방 속에서 조개폰이 진동했다. 훨씬 전부터 울렸는데, 이제야 알아차린 건지도 모른다.

"그치만요!"

나는 흥분조로 반박했다.

"우리 모두 매일 엄청나게 많은 글을 쓴다고요. 하지만 다들 그렇게 깊이 사고하진 않는데요? 다들 메신저 앱으로 얼마나 빠르게 메시지를 보내는데요. 단체 채팅방은 눈 깜짝할 새 읽지 않은 메시지가 100개 정도 쌓이는 게 기본이라고요."

"어이쿠, 그건 엄청난데?"

"엄청난 정도가 아니라니까요."

나는 책가방에서 조개폰을 꺼내며 말했다.

"보세요. 또 단체 채팅방이네. 안 읽은 메시지가 206개나 쌓였잖아요."

채팅 화면을 열자 날치나 무리가 내가 모르는 화제로 신나게 떠들고 있었다. 이모티콘도 잔뜩 붙었다.

"채팅으로 주고받는 메시지와 아저씨가 말한 글쓰기는 종류가 전혀 다르거든."

"어떻게 다른데요?"

"채팅 메시지는 기본적으로 '대화'를 위한 말이거든."

"대화를 위한 말?"

"그래. 그런데 그 말은, 말 해파리가 나르던 거품이 돼서 사라지는 말들이야."

"왜요? 아저씨, 채팅이 뭔진 아시는 거예요? 전화하는 게 아닌데요? 글로 쓰는데 사라져요?"

"만약 문어도리 네가 친구한테 '내일도 잘 부탁해.'라고 메시지를 보냈는데, 친구가 그걸 읽어서 '읽음' 표시가 떴는데도 답이 없어. 넌 대화가 그렇게 끝나도 괜찮아?"

"네? 제 메시지를 씹는다고요? 당연히 안 괜찮죠. 아무리 그래도 이모티콘 하나 정도는 보내야죠."

"왜 안 괜찮지? 네가 말하고 싶었던 '내일도 잘 부탁해.'란 말은 전달됐잖아. 읽었다는 증거로 '읽음' 표시도 떴고. 그럼 충분한 거 아닌가?"

"그렇지만 친구가 제 메시지를 어떻게 생각하는지도 모르고, 화난 건 아닌지 불안하기도 하고, 무시당하는 것 같아서 기분도 나쁘잖아요……."

"그럼 일기나 글짓기, 독서 감상문은 어떨까? 예를 들어 졸업 문집에 실을 글을 쓴다고 해 보자. 그 글도 반 애들의 반응을 듣지 못하면 불안할까? 왜 씹느냐고 생각할까?"

"그건 아니죠. 그런 건 서로 감상을 주고받을 글이 아니잖아요."

"그래, 그렇지. 그런데

조개폰 메시지는 답이 없으면 씹혔다고 느끼게 돼. 왜 답신이 없느냐고 생각하게 돼. 그건, 네가 답신을 받는다는 전제로 메시지를 쓰기 때문이거든."

"네, 뭐. 그건 그럴지도요."

"자, 여기서부터가 재미있어지는데, 지금 문어도리 넌 아저씨와 대화를 하고 있어. 맞지?"

"네."

"여기서도 우리는 상대방이 내 말에 대답한다는 걸 전제로 이야기하고 있어. 상대방이 아무 대답도 하지 않는다는 건 있을 수 없는 일이라 생각하고."

"네, 맞아요."

"대화는 왜 대답을 전제로 할까? 대화의 90퍼센트는 '대답'으로 이뤄져 있기 때문이야."

"90퍼센트나요?"

"예를 들어 네가 '어제 지갑을 잃어버렸어요.'라고 해서 내가 '저런, 곤란했겠구나.'라고 대답해. 넌 '곤란한 정도가 아니에요. 용돈이 몽땅 다 들어 있었다고요.'라고 대답하고. 그럼 아저씨가 '어디서 잃어버렸는지 짐작 가는 데는 있고?'라고 대답해. 어떠냐? 대답이 아닌 말은 맨 처음 네가 한 말뿐이고, 그 뒤부터는 전부 대답이지?"

"상대방한테 묻는 것도 대답이에요?"

"물론이지. 상대방이 한 말에 대해서, 아니면 대화의 흐름에 따라 묻는 거니까."

"그럼 지금 우리가 하는 대화도 다 대답인 거예요?"

"맞아. 그래서 대화에서 대답의 요소가 줄어들면 대화가 삐걱거리게 돼. 분위기가 험악해지기도 하고."

"으음, 대화가 대답하는 거라는 생각은 전혀 없었는데."

"다시 말하면 이런 이야기야. 조개폰으로 주고받는 메시지는 상대방이 내 말에 대답할 거라는 전제가 들어 있어. 그러니 답장이 없으면 마음에 걸리는 거지. 바꿔 말하면 이건 대화를 위한 말인 거야. 대화를 위한 말은 아무리 많이 해도 사고하는 습관으로 연결되지 않지."

"네? 전 아저씨랑 말하면서 계속 사고하고 있는데요?"

혼자만의 시간에는 '대답'이 필요 없어

"대화를 탁구에 한번 비유해 볼까?"

"탁구요?"

"뭐, 탁구가 아니라 테니스라도 상관없어. 테니스나 탁구 둘 다 자기가 주도해서 공을 칠 땐 첫 서브할 때뿐이고, 나머지는 줄곧 공을 받아치면서 승패를 겨루는 경기잖니. 그런 의미에서 대화랑 아주 비슷하단 말이지."

"대화가 말을 받아친다는 뜻이에요?"

"그래. 나는 상대방의 말을 어떤 대답으로 받아치고, 상대방은 그런 내 말을 어떤 대답으로 받아치는가. 때론 상대방이 널 굴복시킬 만큼 강한 스매시를 날릴지도 몰라. 그러면 네가 더 세게 되받아칠 수도 있고. 그렇게 생각하면 대화란 게 어떻게 이뤄지는지 상상하기 쉽지."

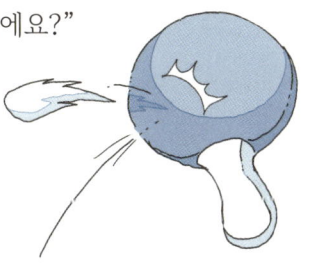

"네. 무슨 느낌인지 엄청 잘 알겠어요."

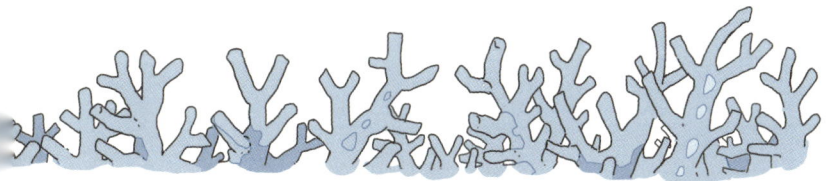

"그러다 보니까 대화할 땐 사고를 깊게 하기가 어려워. 사고해 보기도 전에 상대방의 말을 얼른 받아쳐야 하니까."

"사고할 시간이 없다는 뜻이에요?"

"시간도 그렇고, 이야기의 흐름을 따라가기도 바쁘거든. 만약 내가 문어도리 너한테 무슨 만화를 좋아하느냐고 물으면 너는 그전까지 생각하고 있던 걸 멈추고 만화에 대해 생각하게 되겠지?"

"네."

"그런데 만화에 관해 얘기하다가 갑자기 내가 '만화 말고 또 좋아하는 책은?' 하고 물어. 그럼 이번에는 의식이 책으로 넘어가. 그때까지 다른 생각을 하고 있었어도."

"그렇겠죠."

"이렇게 대화는 한 장소에 멈춰 서게 해 주지 않고 하나의 사고에 집중하게 해 주지도 않아. 그러니 깊게 사고하려면 혼자가 될 필요가 있어. 혼자만의 장소에서, 혼자만의 시간에, 나 자신과 마주 앉아 글을 쓰기에 깊은 사고가 가능한 거야. 다른 누군가한테 억지로 맞추는 말이 아닌 '대답이 아닌 말'을 쓸 테니까."

"대답이 아닌 말이라고요?"

"그래. 다른 사람한테 반응하는 말이 아닌 나 자신의 말."

대화에서 '승패'를 겨루지 않기

"그럼 아저씨는 지금 왜 저랑 이야기하는 건데요? 글 쓰는 건 좋아하고 말하는 건 싫어하시는데, 저 같은 어린애랑 이야기하면 재미없지 않아요?"

소라게 아저씨가 순간 어리둥절해하더니 이내 큰 소리로 웃었다.

"하하하! 그런 식으로 생각하고 있었구나."

"웃지 마세요! 전 진지하다고요."

"그래, 미안하다. 어디서부터 이야기해야 좋을까? 우선 아저씨는 너랑 이야기하는 게 아주 많이 즐거워. 넌 예리해서, 함께 대화하다 보면 나도 많은 걸 깨닫게 되거든."

"아까 대화로는 깊이 사고할 수 없다면서요. 상대방의 말에 맞추게만 된다고요.”

"맞아. 대화는 자기 생각대로 되지 않지. 어떤 통제할 수 없는 그런 흐름 같은 게 있어. 그런데, 그런 흐름에 몸을 맡겼다가 혼자서는 생각지도 못했던 걸 깨닫기도 해. 상대방의 말에서 다른 관점으로 사고할 수 있는 힌트를 얻기도 하고.”

"그게 대화의 좋은 점인 거예요?”

"그래, 어디로 갈지 알 수 없다는 점이 말이지. 오늘만 해도 그래. 지금 우리가 대화에 관해 이야기하고 있지? 그런데 어쩌다 이런 이야기를 하게 됐는지 기억나? 어느 한쪽이 유도한 게 아니잖아?”

"네, 뭐……."

아닌 게 아니라 나는 오늘 일기 쓰기, 그리고 던전이나 자신과의 대화에 대해 더 자세히 물어보려고 왔다. 그런데 어느새 '대화'에 관한 이야기를 하고 있다.

"너랑 대화하면 '티키타카'가 잘 맞는 것 같거든.”

"어떤 점에서요?”

"아까 아저씨가 대화를 탁구에 비유했었지?”

"네. 상대방의 말을 받아치는 '경기' 같은 거라고요."

"그 경기 같은 면이 강해지면, 대화가 점점 시합 같은 느낌이 들면서 이기고 싶다고만 생각하게 되기도 하거든. 아무 의미도 없는데."

"이기다니, 대화인데도요?"

"그래. 상대방을 꺾고 싶어지는 거야. 그렇게 이기는 것 자체가 목적이 되면, 상대방의 말을 부정만 하게 되니까 대화가 발전하지 못해. 자기 잘못을 인정하려 하지 않고 알 수 없는 논리를 내세운다거나 기억을 왜곡하고, 또 거짓말도 하고. 경우에 따라선 언어폭력을 동원하기도 해. 본인은 상황을 단번에 역전시킬 굉장한 스매시를 날린다고 생각할지 모르지만."

그 말을 듣고 나는 곰치고가 생각났다. 곰치고는 절대로 지기 잘못을 인정하려 들지 않고, 내가 뭐라 말만 하면 '그런 게 아니고'라며 꼭 부정한다. 곰치고와의 대화가 재미없었던 건 곰치고가 이기려는 대화만 하려 했기 때문이었을까?

"반면에 아저씨랑 이야기할 때 넌 이기는 것 따윈 생각하지 않아."

"제가 아저씨한테 어떻게 이겨요."

"아니, 넌 분명 누구랑 이야기하든 똑같을걸. 물론 '자신과의 대화'를 할 때도."

"왜요?"

"바로, 그 '왜요?' 때문이야. 모르는 걸 알려고 하고, 이해가 안 되면 이해하려고 노력해. 그래서 너랑 함께 있으면 아저씨도 자극을 많이 받거든. 예전의 내가 생각나기도 하고."

"예전의 아저씨는 어땠는데요?"

우리를 이어 주는 것

"중학생 때 아저씨는 여기서 한 발짝도 나가려고 하지 않았단다."

아저씨는 이렇게 말하면서 등에 진 껍데기를 톡톡 쳤다.

"아저씨 집에서요?"

"그래. 등에 이렇게 편리한 집이 있으면 틀어박혀 있기 딱 좋은 조건이잖냐?"

"아저씨도 학교가 싫었어요?"

"그랬지. 괴롭힘을 당해서 껍데기 속에 틀어박혀 있다 보니까 어느새 밖으로 나갈 수 없게 됐어. 그래서 1년쯤 껍데기 집에서 지내다가 어느 날 시립 도서관에 다니기로 결심했지. 밖에 나가는 연습도 필요했고, 공부도 많이 뒤처져 있었으니까."

"그랬구나, 아저씨 대단한데요."

"하루는 도서관에서 문제집을 푸는데 바다거북 할아버지가 말을 걸더라. '혼자 공부하냐?' 하고 말이지. 그땐 얼마나 놀랐는지 몰라. 내가 학교에 안 나오니까 학교에서 보냈나 싶어서 도망칠 뻔했어. 그런데 할아버지는 학교란 말은 꺼내지도 않고 아무렇지도 않게 계속 말을 거는 거야."

"알 것 같아요. 그런 거 고맙죠."

"그 뒤로 도서관에 갈 때마다 바다거북 할아버지를 만나서 많은 이야기를 하면서 많은 걸 배웠어. 점심 먹을 때도, 역까지 가는 동안에도."

"할아버지가 공부를 가르쳐 준 거예요?"

아저씨는 미소를 지은 채로 고개를 저었다.

"아니, 공부보다 더 중요한 걸 가르쳐 주셨단다."

"공부보다 중요한 거요?"

"아저씨는 껍데기 집에 틀어박혀 있을 때 아무하고도 이야기하려 하지 않았어. 그렇게 1년 틀어박혀 있는 동안, 가족 아닌 다른 사람하고 주고받은 말은 아마 없다시피 할걸?"

"외로우셨어요?"

"그렇지도 않았어. 원래 친구도 얼마 없었고, 그땐 친구 같은 건 필요 없다고까지 생각했거든. 만나지 않으면 상처받을 일도 없잖아? 그래서 혼자 있어도 아무렇지 않았어."

"네."

"그런데 바다거북 할아버지하곤 어쩐지 이어져 있다는 느낌이 들더라. 그때까지 아무한테도 그런 느낌을 받은 적이 없었는데 말이야. 같이 있을 때도, 아닐 때도 안심할 수 있었어. 그러다 나와 바다거북 할아버지 사이를 연결하는 '밧줄'의 정

체가 뭘까 내내 생각한 끝에, 알게 된 거야."

"뭐였는데요?"

"바로 '말'이었어."

"말?"

"그래. 우린 각각 다른 장소에서 각자 저마다의 사고를 하며 살아가고 있잖아. 한집에 사는 가족이라도 말이야."

"맞아요."

"그래서 우리에겐 말이라는 밧줄이 필요한 거였어. 내가 말의 밧줄을 던지면 그걸 누군가가 붙드는 거야. 나도 누군가가 던진 밧줄을 손에 꽉 쥐고. 그렇게 혼자였던 우리가 서로 이어지는 거야. 덕분에 폭풍이 치는 밤에도, **쓸쓸**한 **밤**에도 피도에 쓸려 가는 일 없이 안심하고 아침을 맞이할 수 있어. 아저씨는 그때까지 누구한테도 밧줄을 던진 적이 없었어. 도움을 청하는 밧줄조차 말이지. 하지만 바다거북 할아버지하고는 많은 말을 주고받아서 놀랄 만큼 자연스럽게 연결될 수 있었단다."

소라게 아저씨의 등 뒤로 하얀 산호 가지가 밧줄처럼 보였다. 마치 삐죽빼죽 온갖 방향으로 뻗은 말의 밧줄들이 모여 생겨난 커다란 수풀 같았다. 내가 만약 하얀 산호였다면, 나에게서 말의 밧줄은 몇 개나 뻗어 나갔을까. 얼마만큼 다른 사람들과 연결되려 노력하고 있을까?

"어제, 그리고 오늘 넌 나한테 네 이야기를 많이 해 줬지. 덕분에 나는 널 잘 알게 됐고 너랑 친구가 될 수 있었어."

"친구요? 저희 친구예요?"

"나는 그렇게 생각하는데. 우리의 연결 고리도 바로 말, 대화였단다. 만약 네가 입 다물고 있었으면 친구가 될 수 없었을 테지. 자신을 말로 표현하는 건 그만큼 중요한 일이야."

내가 쓴 일기는 누가 읽을까?

"그럼 자신을 말로 표현했기 때문에 우리가 연결될 수 있었던 거예요?"

"그래. 중학생 때 아저씨도 그랬고 오늘 문어도리 너도 그

랬지."

"그럼 글은 안 써도 되지 않아요? 혼자 일기를 써 봤자 아무하고도 연결될 수 없으니까 말의 밧줄이 어디로도 뻗어 나가지 않잖아요. 혼자서 글을 쓰라고 했다가, 말로 자신을 표현하라고 했다가……. 아저씨 말은 도통 모르겠다고요!"

"문어도리, 그런 게 아냐."

아저씨는 흥분한 나를 달래듯 말했다.

"어떤 종류의 글이든, 글에는 반드시 독자가 있는 법이야. 독자가 없는 글은 있을 수 없어."

"혼자 쓰는 일기도요?"

"그럼, 물론이지. 어제 넌 일기를 썼지?"

나는 책가방에서 일기장을 꺼냈다.

"네, 이거예요. 물론 읽으시면 안 돼요."

"그건 상관없어. 원래 일기는 나만 아는 비밀로 쓰는 거니까. 다만 남한테 보여 줄 생각이 없는 비밀 일기라도 결국 '미래의 나'라는 독자가 있긴 하거든."

"미래의 나요?"

"그래. 반년 뒤나 1년 뒤, 3년 뒤…… 어쩌면 10년, 20년 뒤에 분명 넌 그 일기장을 꺼내서 다시 읽게 될 거다. 진지하게 살았던 그 시절의 자신과 마주하게 돼. 그건 계속 글을 써 온 사람한테만 주어지는 최고의 선물이야."

"이게…… 선물이라고요?"

"그래. 넌 지금 3년 뒤의 미래의 널 향해 밧줄을 던지고 있어. 3년 뒤의 넌 틀림없이 웃으면서 일기를 읽게 될 거야. 지금이 아무리 힘들어도 말이지."

소라게 아저씨의 껍데기 틈새로 말 해파리가 얼굴을 쑥 내밀었다. 이제 그만 돌아갈 시간이라고 알리는 것 같았다. 아저씨는 손을 들어 부드럽게 가로막고는 내 얼굴을 보며 말했다.

"문어도리, 나랑 약속 하나 해 줄래?"

"어떤 약속인데요?"

"내일부터 열흘 동안 일기를 써 주렴."

"열흘씩이나요?"

"그래. 일단은 열흘. 이틀이나 사흘 쓰는 걸로는 자신과의 대화가 깊어지지 않거든. 사실 한 달도 모자랄 정도야."

"어휴, 제가 그렇게 오랫동안 계속 쓸 수 있을까요?"

"괜찮아, 좋은 방법이 있어. 아저씨한테 보여 준다는 생각으로 일기를 써 봐. 그리고 정말로 나중에 보여 주는 거지."

"네?"

"기다리는 독자가 있다고 생각하면, 도움이 되지 않겠어?"

"그건 그럴지도 모르지만……."

"뭔가를 매일 계속할 때 그걸 의무라고 생각하면 아주 괴로워. 하물며 안 하면 혼난다는 식으로 생각하면 더 하기 싫지. 그럴 땐 의무가 아니라 누군가와 약속한 거라고 생각해 봐. 계속 쓰기로 약속했다고."

"약속……."

"약속은 강제가 아니거든. 어떤 약속이든, 결국 할지 말지는 스스로 결정하는 거니까. 약속할지 말지를 정하는 건 문어도리 너야. 스스로 결정한 거라면 계속할 수 있어. 약속을 주고받은 상대는 바로 너 자신이니까."

"자기랑 하는 약속이란 뜻이네요. 그럼 쉽게 어기게 되지 않아요?"

"쓰자고까진 약속하지 않아도 돼. 우선은 '밤이 되면 일기장을 펼치자.'라는 것부터 자신과 약속해 보렴. 일기장을 펴는 것 정도는 지킬 수 있지?"

"네, 그 정도는……."

"그 작은 약속을 열흘만 지켜 줘. 의무가 아니라, 약속을 지키기 위해서 일기장을 펴 보렴. 어때? 할 수 있겠냐?"

"알았어요. 약속할게요. 오늘부터 열흘 동안, 밤마다 일기장을 펼게요. 일기를 쓸 수 있을지는 모르겠지만, 노트를 펼치는 것까진 해 볼게요."

"고맙다. 아저씨라는 독자가 기다린다는 것, 그 독자는 결코 널 야단치거나 비웃지 않는다는 것. 뭘 어떻게 쓰든 네 편이란 걸 이해하고 써 주면 좋겠구나."

"왠지 벌써 긴장되는데요."

"하하하! 괜찮아. 자, 이제 그만 돌아가자. 아저씨도 말 해 파리들한테 혼나지 않으려면 슬슬 일기를 써야 하거든."

우리는 하얀 산호 수풀에서 나와 공원으로 갔다. 돌아오는 길에 아저씨와 많은 대화를 했다. 바다거북 할아버지 이야기가 재미있었는데 아저씨가 일기를 쓰게 된 것도 다 바다거북 할아버지가 권해서라고 했다.

"아저씨가 한 말의 절반 이상은 옛날에 바다거북 할아버지한테 배운 거란다."

소라게 아저씨는 그렇게 말하며 웃었다. 지명 수배에 대해서는 이제 묻지 않아도 될 것 같았다. 아저씨가 수상한 인물이든, 엄청난 악당이든 나와는 관계없다. 아저씨는 자신의 과거를 이야기해 준 뒤 내가 자신의 친구라고 했다. 그리고 나는 열흘 동안 일기를 쓰기로 아저씨와 약속했다.

그걸로 충분하다.

찰칵. 공원으로 들어가려는데 덤불 너머에서 카메라 셔터 소리가 들렸다. 돌아보니 검은 그림자가 무시무시한 속도로 헤엄치며 멀어지고 있었다.

문어도리의 일기
약속 1일째, 9월 7일 목요일

오늘은 사흘 만에 학교에 갔다. 결석해도 됐지만…… 그래도 가기로 했다. 오늘마저 빠지면 계속 안 갈 것 같아서다. 버스에서는 내내 조개폰만 들여다봤다. 버스에서 내리고 나서도 가방 안을 뒤적거리거나 시간표를 확인하는 척하면서 되도록 고개를 숙인 채 걸었다.

교실 문을 열었을 때 아무도 나를 돌아보지 않았다. 왜 학교에 안 왔냐거나 오랜만이다 같은 반응도 없었다. 다들 자기들끼리 잡담하며 선생님이 오기를 기다리고 있었다.

오징어리가 앉은 책상 주위에는 날치나 무리가 모여 있었다. 순간 오징어리와 눈이 마주친 것 같아 소리 없이 인사하듯 손을 들었다. 그렇지만 오징어리는 아무 말도 없이 다시 애들과 대화를 이어 갔다.

우리 반에는 날치나 무리 외에도 패거리가 하나 더 있다. 테니스부 상어지리가 만든 패거리다. 상어지리는 오징어리만큼 눈에 띄지는 않지만 공부도, 운동도 잘하고 선생님들한테 인정받는다. 그래서 날치나도 상어지리에게는 아무 소리 못 하는 것 같다.

곰치고도, 붕장어조도 나한테 다가오지 않았다. 물론 먼저 다가갈 생각도 없었다. 그런데 혼자 있는 게 의외로 나쁘지 않았다. 아저씨는 혼자만의 시간을 소중히 여기라고 했다. 다른 애들과 항상 함께 있기만 하면 나 자신으로 있을 수 없다고 했다. 그러면서 말이라는 '밧줄'로 연결 고리를 만들라고 했다. 나는 이 교실에서 어디로 밧줄을 던지면 좋을지 알 수 없었다.

게게 선생님이 들어와 출석을 불렀다. 내 차례 때 대답했더니 선생님이 감기는 괜찮아졌냐고 물었다. 오늘 선생님과 나눈 말은 그 한마디뿐이었다.

쉬는 시간이 돼도 낮치나 무리는 나를 놀리지 않았다. 처음에는 무시하는 줄 알았는데, 그게 아닌 것 같았다. 싫증 난 건지, 유행이 지난 건지, 아니면 선수 대표 선서보다 더 재밌는 걸 발견한 모양이었다.

체육 시간에는 체육 대회에서 출 포크 댄스를 연습했다. 체육을 가르치는 정어리지 선생님은 내일 출전 종목을 정한다고 했다. 1학년 때도 2학년 때도 나는 줄다리기 경기에 나갔다. 올해도 아마 그럴 것이다.

집에 왔더니 어머니가 써 둔 편지가 있었다. 어머니는 외출 전 시간이 있을 때면 메모를 써 둔다. 아버지도 어머니도 둘 다 오늘 늦을 거라고, 냉장고에 해초 스파게티디기 있으니 꺼내 먹고 밤 열 시까지 안 오면 먼저 자라고 쓰여 있었다.

그러고 보니까 학교 끝나고 집에 올 때 공치고가 날 보며 기분 나쁘게 웃었었다. 나를 업신여기는 것 같은 의기양양한 눈빛이었다.

일기, 이렇게 쓰면 되는 걸까? 노트를 펴면 일단 쓰게는 되는 것 같다. 하지만 재미있다거나 던전을 탐험한다는 기분은 전혀 들지 않는다.

약속 2일째, 9월 8일 금요일

아침에 학교에 갔더니 다들 웅성거리고 있었다. 남자애들이 날치나의 책상 주위에 모여 이야기하고 있길래 가까이 가려고 했더니 붕장어조가 지나가면서 오징어리가 다쳐서 병원에 갔다고 말해 주었다. 이윽고 게게 선생님이 들어와서 어떻게 된 건지 설명을 해 주었다.

오징어리는 여름 시즌 대회가 끝나고 은퇴했는데도 오늘 아침 1반 갯가재오랑 함께 축구부 연습에 나왔단다. 그러다가 2학년 애와 부딪쳐서 다리를 다치는 바람에 병원으로 실려 가 지금 수술 중이라는 것이다. 수술이 잘돼도 당분간 입원해야 하는 모양이었다.

"불쌍해."

복어보가 말했다. 게게 선생님이 지금부터 병문안을 간다고 했더니 날치나가 자기도 가고 싶다고 했다. 하지만 선생님은 다음 주 월요일에 자습 시간이 있으니 그때 다 함께 병문안을 가자고 했다. 교감 선생님이 부른다며 게게 선생님이 교실에서 나가자, 또 애들이 술렁거리기 시작했다.

나는 오징어리가 다쳤다는 말을 듣고 그나마 여름 시즌 대회가 끝나서 다행이라는 생각이 들었다. 오징어리가 그 대회를 얼마나 기대했는지 아는 데다가 엄청나게 활약했기 때문이다. 여름 방학이 끝나고 오징어리와 축구부 애들은 전교생 앞에서 표창을 받았다. 오징어리는 무척 자랑스러운 표정으로 목에 메달을 걸고 있었다.

체육 시간에 체육 대회 출전 종목을 정했다. 나는 줄다리기, 날치나 붕장어조는 장애물 달리기에 나가게 됐다. 그리고 오징어가 해야 하는 이어달리기 대표로는 상어지리가 뽑혔다. 상어지리는 "오징어 몫까지 열심히 할게."라고 말했다. 대표 선서에 관해서는 아직 아무도 말을 꺼내지 못했다.

집에 왔더니 어머니가 먼저 와 있었다. 저녁 메뉴는 톳 우동이었다. 식탁 위에는 받아 온 지 며칠이나 된 진로 조사 설문지가 그냥 놓여 있었다. 면담 전에 내야 하는데 오늘도 어머니는 진로 이야기를 꺼내지 않았다. 할머니가 전화했다느니, 왕게주 씨네가 집을 헐고 새로 짓는다는 이야기만 했다.

저녁을 먹고 방으로 돌아와 조개폰을 켜고 잠깐 게임을 하다가 금방 껐다. 친구만 있으면 조개폰 게임도 훨씬 재미있을 것 같다고 생각했다.

내일은 조금 일찍 일어날 생각이다.

약속 3일째, 9월 9일 토요일

아침에 오징어 병문안을 갔다. 안내 데스크에서 오징어 이름을 댔더니 3층 병실이라고 가르쳐 주었다. 날치나 무리가 와 있으면 그냥 가려고 했는데, 아무도 오지 않았다고 했다.

병실에는 다리에 붕대를 감은 오징어가 침대에 누워 만화책을 보고 있었다. 나를 본 오징어는 조금 놀란 표정을 짓더니 "왔냐?"라고만 했다.

"아까 부모님이 만화책을 세 권 가져다 줬는데 금방 다 읽네."

그러면서 오징어리는 만화책을 덮었다.
"책을 갖고 왔어. 아직 안 읽었을 것 같아서."
나는 말하면서 가방에서 여름 방학에 읽었던 소설을 꺼냈다. 오징어리가 내가 꺼낸 책을 보더니 말했다.
"이거 아직 읽고 있구나."

마법 학교를 무대로 한 소설 시리즈의 첫 권이 영화로 나왔을 때, 우리는 초등학교 6학년이었다. 같이 영화를 보러 갔고 돌아오는 길에 오징어리는 원작 소설을 빌려주었다. 하도 책이 두꺼워 나는 다 읽을 자신이 없었다. 그런데 읽기 시작했더니 재미있어서 밥 먹는 것도 잊고 책장을 넘겼다. 끝까지 읽었을 땐 내가 엄청난 일을 해낸 것 같은, 마치 어른이 된 것 같은 기분이 들었다. 그리고 그 책을 빌려준 오징어리가 나보다 훨씬 어른이라고 생각했다. 내가 병실에 가져온 책은 같은 소설 시리즈 중 3권이었다.

"다리는 어때? 많이 아파?"
"반에서 아무도 안 왔다. 웃기지 않냐?"
오징어리는 내 질문에는 대답하지 않았다. 나는 애들이 당장 오려고 하는 걸 게게 선생님이 말리면서 다음 주에 가라 했다고 황급히 설명했다.
"뭐, 그럴지도 모르지만."
오징어리는 천장을 올려다보며 말을 이었다.

"우리 왜 이렇게 된 걸까?"

나와 오징어리는 초등학생 때 아주 친했다. 학교에 갈 때나 집에 올 때 늘 함께 다닐 정도였다. 그런데 중학교에 들어와 오징어리의 방과 후 활동이 시작되면서 조금씩 거리가 생겼다. 오징어리 주위에는 항상 축구부 애들이 있었다. 교실에서는 날치나 무리와 함께 있었다. 나도 곰치고며 붕장어조와 어울리게 되면서 점점 더 오징어리와 멀어졌다.

3학년이 된 뒤로는 오징어리와 간단한 대화조차 하지 않게 됐다. 오징어리는 심지어 옛날에 나와 친했었다는 걸 숨기는 것처럼 보이기까지 했다.

"어렵네."
"그러게 말이야."
"하지만 저번에 그건……"
"선수 대표 선서?"
"어, 응."
"그거, 그날 월요일 아침에 날치나가 먼저 곰치고나 다른 애들한테 그러자고 말 꺼내서 그런 거야. 날치나가 시키는데 걔들이 싫다곤 못 하고, 남자애들이 모두 그걸로 신이 나서 나도 어쩔 수 없었어. 날치나는 그게 재미있는 일이라고 생각해서 그런 건지. 문어돌 너는 힘들었겠지만."

오징어리가 오랜만에 나를 '문어돌'이라고 불렀다. 이제는 아무도 그렇게 불러 주지 않아 잊고 있었던 이름이었다.

"아무리 그래도……."

"너는 불행도 그런 불행이 없었겠지. 게다가 날치나 녀석, 그다음 날엔 까맣게 잊어버렸고 말이야. 선수 대표 선서 같은 건 금방 끝나. 한번 해 보면 생각보다 별거 아닐 거야."

"그건 그럴지도……."

"뭐…… 아무튼 미안하다."

오징어리가 소설책을 덮고 말했다. 뭐가 미안하다는 건지 잘 알 수는 없었지만 이런저런 모든 것에 대해 미안하다고 하는 것처럼 들렸다.

오징어리는 "냉장고에 주스 있어."라고 말하고는 간호사 선생님을 불러 휠체어를 타고 화장실로 갔다. 혼자 남은 나는 잊어버리기 전에 노트를 꺼내 방금 주고받은 대화를 메모했다.

"뭐 써?"

화장실에서 돌아온 오징어리가 물었다. 나는 노트를 가방 속에 숨겼다.

"아무것도 아냐."

"아무것도 아니긴. 뭐 쓰고 있었잖아. 숨기기냐?"

난처해진 나는 주뼛주뼛 노트를 꺼냈다.

"아까 한 이야기를 메모한 거야."

"메모는 왜?"

"약속했거든. 일기를 쓰기로."

나는 오징어리에게 소라게 아저씨와 한 약속에 대해 말했다. 아저씨를 어떻게 알게 됐는지 그리고 아저씨의 불가사의한 집, 말 해파리와 말 거품 그리고 하얀 산호 수풀에서 나눈 대화까지 이야기했다. 사실 오징어리에게 말할 생각은 전혀 없었는데 전부 말해 버렸다. 그러고 났더니 아주 마음이 개운했다.

오징어리는 '진짜?', '굉장한데.', '엄청나네!' 하며 몸까지 내밀고 내 이야기를 흥미롭게 들어 주었다.

"오징어리 너도 아저씨를 만나 보면 좋을 것 같아. 아저씨도 좋아할걸. 학교 가는 것보다 훨씬 재미있어."

"그러게. 근데 난 됐어."

오징어리는 창밖을 보며 말했다.

"수술을 한 번 해야 하나 보더라고. 그럼 입원 기간도 길어지겠지."

"한 번 더?"

오징어리가 너무 아무렇지도 않아 보여서 다리를 다쳐 수술까지 받았다는 것을 잠시 잊고 있었다.

"많이 아파? 지금 무리하는 거 아냐?"

"아픈 건 어젯밤이 제일 아팠어. 약을 먹었더니 지금은 좀 진정된 거 같아. 체육 대회도 못 나갈 거고 고등학교에 가서 축구를 할 수 있을지도 확실하지 않다더라."

오징어리의 고민에 비하면, 내 고민이나 대표 선서 따위는 아무것도 아니었다. 창밖을 보는 오징어리의 옆얼굴을 보며 어쩐지 미안한 기분이 들었다. 나는 내 생각만 하느라 오징어리 생각을 전혀 해 주지 못하고 있었다.

"그보다……."

오징어리가 갑자기 몸을 돌려 나에게 말했다.

"나한테도 네 일기 보여 주라. 나도 네 일기 독자에 넣어 줘. 아무한테도 말 안 할게. 내가 퇴원할 때까지 써 줘. 다른 책보다 그걸 더 읽고 싶어."

"그건……."

"약속하는 거다. 너랑 나랑."

나는 오징어리와 생각지도 못했던 약속을 하고 병원에서 나왔다.

집으로 돌아가는 길에, 나는 내가 내심 기쁜 건지, 아니면 두려운 건지 전혀 알 수 없었다.

솔직히 지금도 내가 어떤 기분인지 아직 잘 모르겠다.

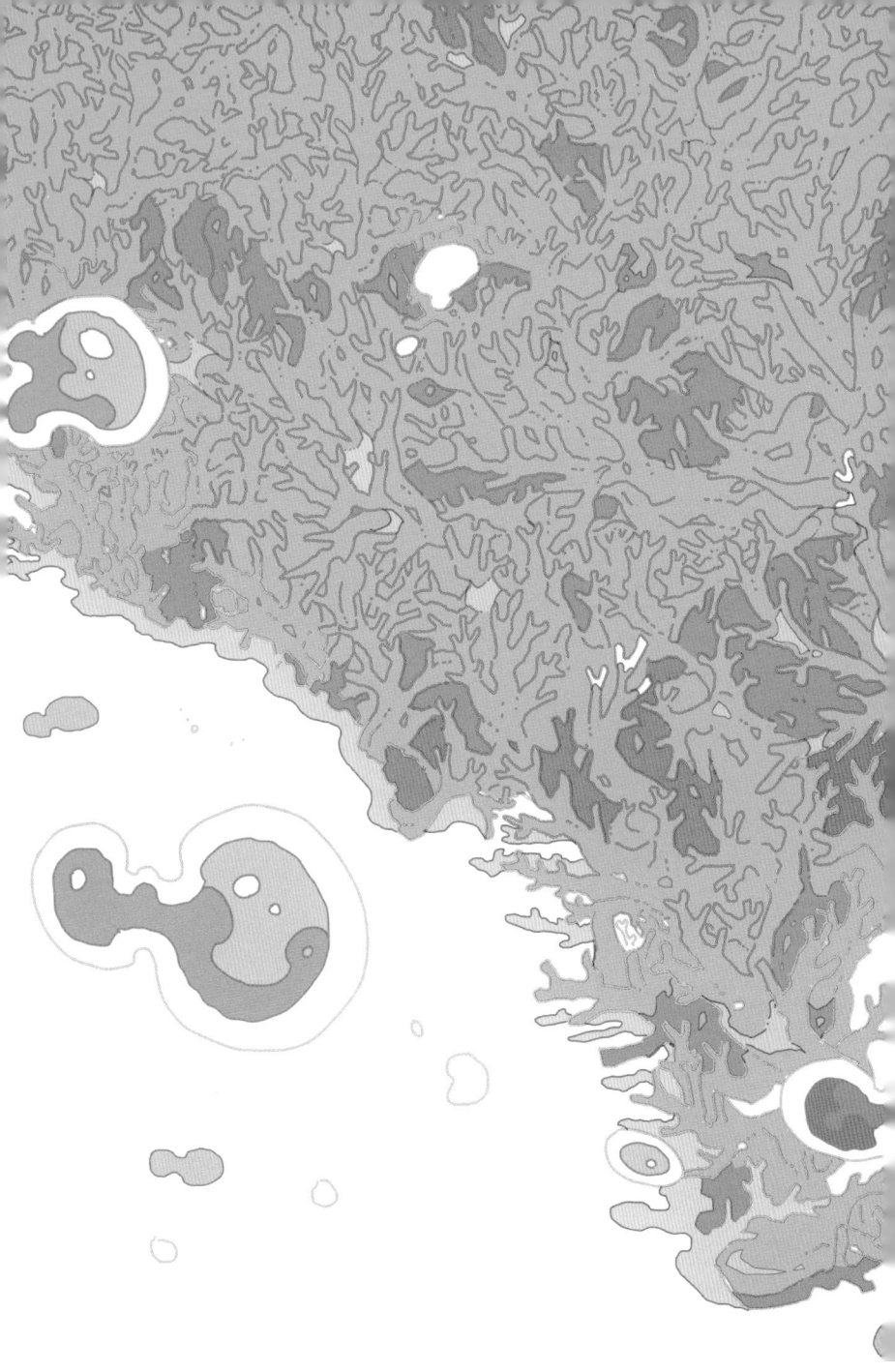

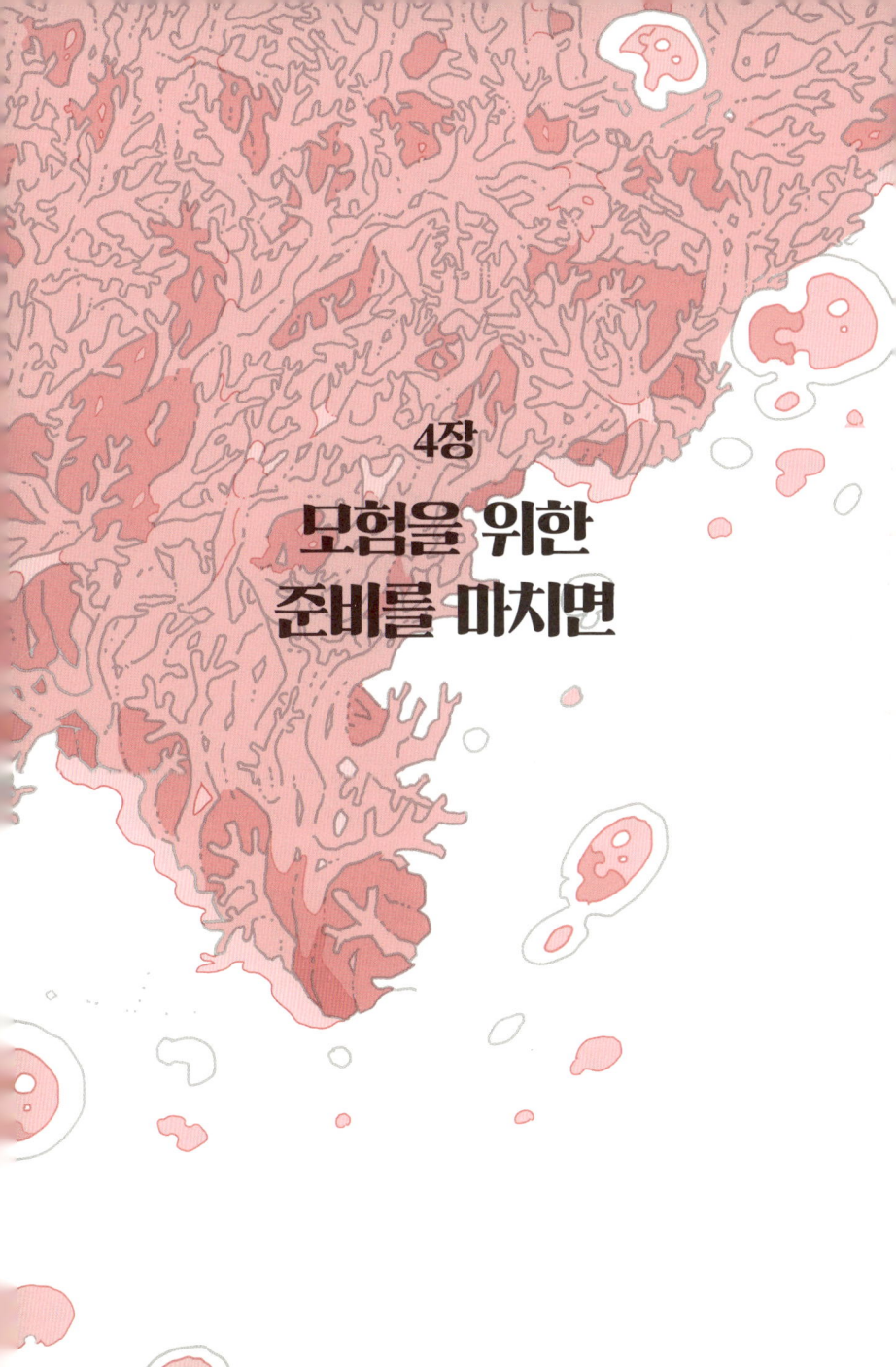

어떻게 하면 글쓰기를 좋아할 수 있을까?

"이거 재미있어졌는데."

그게 소라게 아저씨가 꺼낸 첫마디였다. 일요일이라 그런지 공원은 나들이하러 나온 가족들로 붐볐다. 공원 입구에는 여전히 하얀색 껍데기 소라게를 조심하라는 간판이 있었다. 새로 마련한, 지나치게 눈에 띄는 분홍색 껍데기 집 덕에 아저씨는 되레 의심스런 눈길을 받지 않았다.

"좋아, 오늘은 산호 수풀에 가자."

"또 하얀 산호 수풀에 가요?"

"아니. 오늘은 바다 멀리 나가서 있는 붉은 산호 수풀이야. 아저씨가 좋아하는 곳이란다."

붉은 산호 수풀은 어렸을 때부터 어른들이 절대로 가까이 가면 안 된다고 단단히 일렀던 수풀이다. 한없이 깊고 복잡해서 어린애가 들어갔다가는 두 번 다시 못 나오는 무시무시한 곳. 그런데도 아저씨는 아무렇지도 않게 걸음을 옮겼다.

붉은 산호 수풀로 가는 길에 아저씨는 내 일기를 읽으며 가끔씩 "그래. 그렇군." 하고 고개를 크게 끄덕였다.

"이거 재미있어졌는데."

"네, 어째 일이 엄청나졌어요."

"그래서 오징어리한테도 일기를 보여 주기로 한 거구나?"

"뭐, 그러기로 약속했으니까요. 오징어리가 퇴원할 때까지 계속 쓸 수 있을진 알 수 없지만요."

"꼭 계속 써 봐. 약속한 것도 물론 있지만, 문어도리 널 위해서도. 날이 갈수록 네 일기가 재밌어지고 있거든."

"정말요?"

"정말이고말고. 첫째 날하고 셋째 날이 전혀 딴판인걸."

"첫째 날은 쓸거리가 별로 없었어요. 셋째 날은 쓰고 싶은 게 아주 많았고요."

"아니, 그래서가 아니야."

붉은 산호 수풀 앞에 도착하자 아저씨는 첫째 날 일기를 폈다.

"첫째 날에 뭘 쓰려고 했지?"

"그야 뭐, 일기죠."

"그러게. 넌 아주 '일기'다운 글을 썼어. 그럼 일기를 쓰기 위해 맨 먼저 뭘 생각했어?"

"그땐…… 글쎄요. 그날 아침부터 있었던 일을 모두 떠올려서 차례대로 썼어요."

"그래. 그럼 둘째 날은?"

"으음, 방식은 아마 거의 같았을 거예요. 아침에 오징어리 소식을 들었으니까 좌우지간 그걸 써야지, 하고 쓰기 시작했던 것 같아요."

"그럼 첫째 날엔 별일이 없었던 거네?"

"네, 의외라고 해야 할지, 학교에서도 집에서도 아무도 절 상대해 주지 않아서요. 그래서 첫날에는 일기 쓰느라 애먹었어요."

"셋째 날은 어땠고?"

"오징어리 이야기를 써야겠다고 생각했어요. 병실에서 나오기 전부터 일기를 쓰고 싶어서 몰래 메모까지 했다고요. 오는 길에 버스 안에서도 내내 흥분됐어요. 그래서 일기도 빨리 썼던 것 같아요."

"그렇구나. 다시 말해서 쓸거리가 있으면 즐겁게 쓸 수 있다는 거네? 반대로 쓸거리가 없는 날엔 애먹고."

"그렇죠. 억지로 써야 하니까요."

"그렇지만 기왕 쓰는 거, 매일 즐겁게 쓰고 싶지 않냐? 쓸거리가 있든 없든."

"그야 그렇겠지만 아마 어려울걸요."

"왜?"

"원래 글쓰기를 좋아하는 편도 아니었고요."

"그럼 답은 간단하구나. 글쓰기를 좋아하면 되겠네."

"네?"

"좋아하지도 않는 일을 매일 하려면 지겹잖냐? 그럼 그 일을 좋아하면 되지. 어때, 간단하지?"

"아니…… 아저씨, 절 놀리시는 거예요?"

"아니야. 문어도리 넌 꼭 좋아하게 될 거야. 적어도 글쓰기가 즐거워질 수 있는 방법은 있거든."

"그런 방법도 있어요?"

"그럼, 오늘은 그 이야기를 해 볼까. 중요한 건 '표현력'이야."

그러더니 소라게 아저씨는 출입 금지 밧줄 밑을 지나 붉은 산호 수풀로 들어갔다.

"앗, 안에 들어가면 안 돼요! 못 나올 수도 있다고요!"

아저씨는 내 말도 듣지 않고 껍데기 집을 산호에 부딪으며 수풀 깊은 곳으로 들어갔다.

말의 색연필을 늘려 가기

"표현력이 중요하다니, 그럼 제가 글솜씨가 없단 뜻이에요?"

"아니, 그런 이야기가 아니야. 표현력은 '자유'랑 관계있는 거란다."

"자유요? 표현력이 말이에요?"

"그래. 자, 이걸 보면 이해하기 쉬울 거다."

소라게 아저씨는 이렇게 말하며 몸을 옆으로 돌렸다. 자세히 보니 껍데기 옆면에 연필과 캔버스, 스케치북, 색연필, 크

레용, 색색의 스프레이 등 미술 재료가 잔뜩 묶여 있었다.

"이게 뭐예요?"

"아저씨의 소중한 작업 도구란다."

"작업 도구요? 아저씨 혹시 화가예요?"

"하하하! 그렇게 대단한 건 아니고 뭐, 낙서 같은 거지."

아저씨는 스케치북을 꺼내 내게 건넸다.

"자, 그럼 질문을 해 볼까. 문어도리 네가 지금 여기서 보는 풍경을 그림으로 그린다 생각해 보자. 10색 색연필과 100색 색연필 둘 중에 하나를 골라야 한다면 넌 어떤 색연필을 고르겠냐?"

"그야 당연히 100색이죠."

"왜?"

"색을 많이 쓸수록 좋잖아요. 그래야 더 정확하고 아름답게 그릴 수 있지 않나요?"

"그러게. 그림 솜씨에 상관없이 쓸 수 있는 색은 많을수록 좋지. 표현의 폭이 넓어지니까."

"네."

"바꿔 말하면, 그건 자유로워질 수 있다는 뜻이거든."

"자유로워져요?"

"그래. 쓸 수 있는 색이 적으면 생각대로 그릴 수 없어. 반대로 쓸 수 있는 색이 많으면 그리고 싶은 대로, 생각나는 대로 자유롭게 표현할 수 있지."

"그건 그럴지도요."

"글쓰기도 마찬가지야. 우리가 뭔가를 쓰려고 할 때, 쓸 수 있는 색이 많을수록 표현의 폭이 넓어져. 쓸 수 있는 색, 즉 쓸 수 있는 '어휘'를 많이 알수록 말이지."

"어휘요?"

"그래. 어휘를 많이 알고 적재적소에 맞는 어휘를 잘 활용할수록 글의 표현도 다채로워진단다. 게다가 어휘라는 색연필은 수천, 수만 가지 색이 있어서 무궁무진하게 조합할 수 있거든."

"네, 뭐…… 많이 있을 것 같긴 해요."

"예를 들어 지금 네가 막연히 선택한 '많이'란 말. 그것도 이 색연필 중에서 고르면 다른 풍경이 되지 않겠냐?"

그러더니 아저씨는 내게 여러 색연필을 보여 주었다.

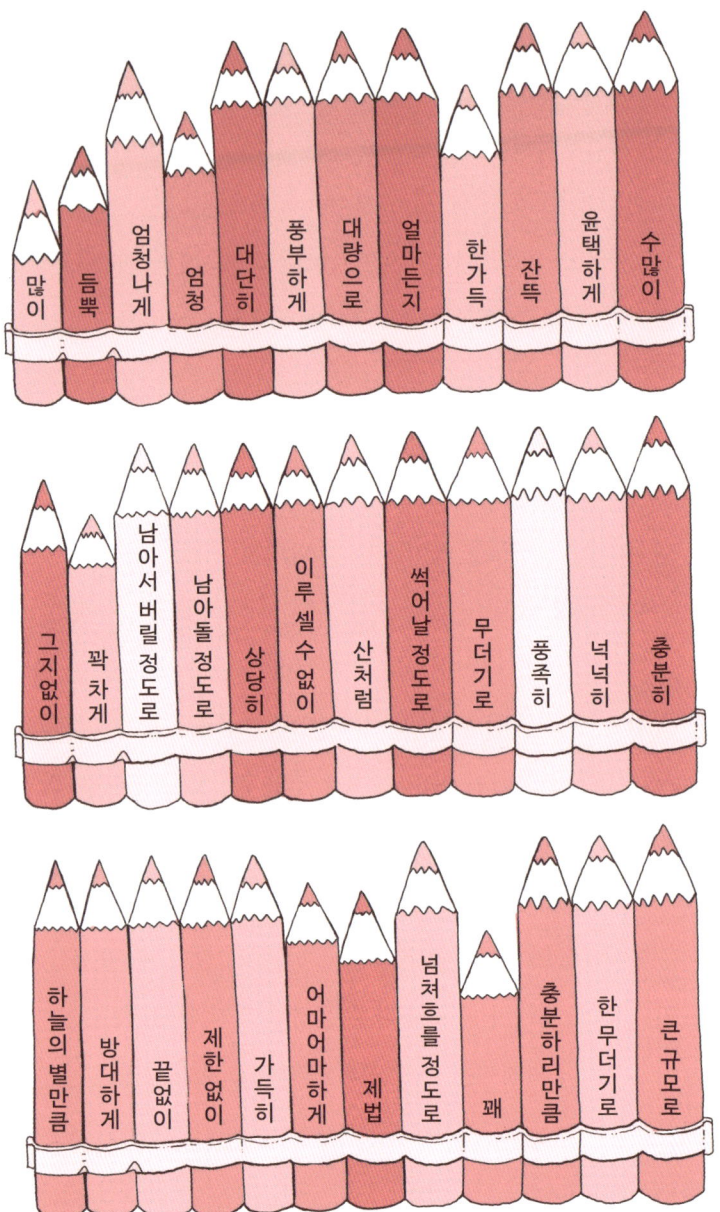

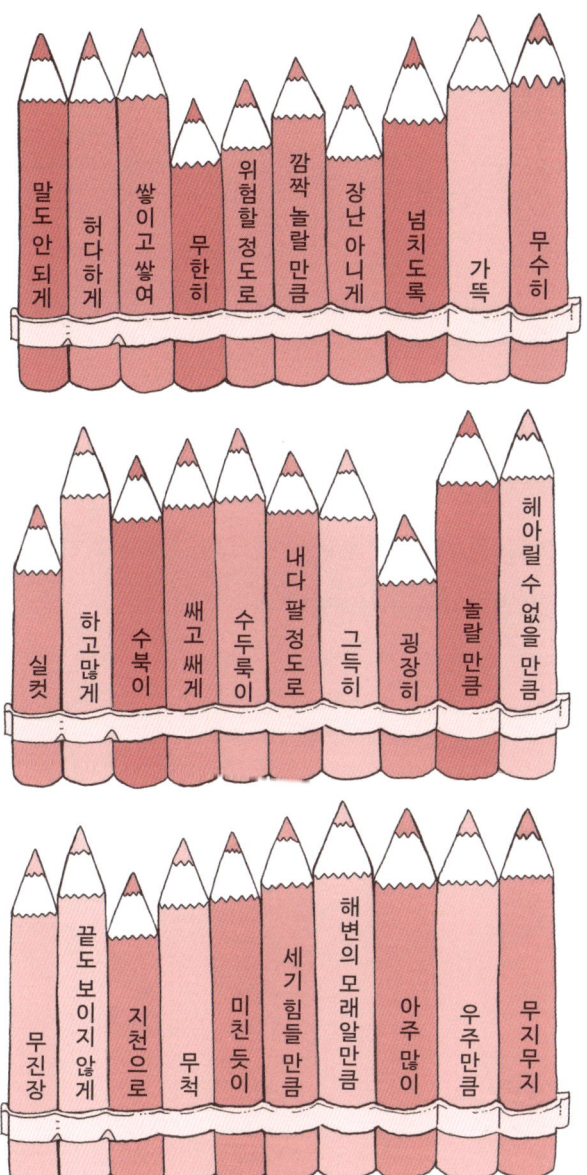

4장 모험을 위한 준비를 마치면

"헉! 이렇게나 많아요?"

"굉장하지? 말의 색연필을 많이 갖고 있으면 그만큼 글쓰기가 재미있어지거든. 이해가 잘 안 되면 색연필 말고 펜이라고 생각해 볼까? 어휘란 펜촉의 '굵기'야."

"펜촉의 굵기요?"

"그래. 어휘가 풍부할수록 펜촉은 가늘어진단다. 0.1밀리미터 굵기의 가는 펜촉은 그림을 그릴 때 섬세한 묘사를 할 수 있어. 반면에 어휘력이 빈약하면 굵은 펜으로 그리는 것하고 같단 말이지. 7밀리미터나 10밀리미터 같은 굵은 유성펜으론 섬세한 선을 그릴 수 없으니까 거친 그림밖에 그리지 못해."

"네. 굵은 펜으로 잘 그리기 어렵다는 건 알겠어요."

"물론 이건 도구 이야기고 진짜 표현력은 또 다른 문제야. 그렇지만 일단, 도구를 갖춘다는 건 명확하니 이해하기 쉬운 목표지?"

"어휘를 어떻게 늘리는데요? 책을 읽고 사전을 찾아요?"

"그전에, 어휘는 아는 것만으론 의미가 없다는 걸 알아야 해. 쓸 수 있어야 하지. 생각해 보렴. 100색 색연필을 갖고 있기만 하면 뭐 하겠니? 그려야지. 그래서 어휘는 학교 공부처럼 암기하는 것만으로는 안 된단다."

"그럼 어떻게 해야 쓸 수 있게 되는데요?"

"실제로 써 보는 거야. 책을 읽을 때 눈으로만 읽지 말고 입으로 소리 내서 읽어 봐. 그럼 어휘를 읽고 말하는 걸 동시에 하게 되겠지? 아니면 라디오나 오디오 북을 듣는 것도 좋고. 귀로 들은 말은 소리의 형태로 머리에 들어오니까 그만큼 소리 내서 쓰기 쉽거든."

"쓰지 않으면 어휘가 늘지 않아요?"

"그래. 책을 좋아하는 도서 위원도 다양한 어휘를 알겠지만 방송부나 연극부 학생이 오히려 더 어휘력이 풍부할지도 몰라. 실제로 많은 어휘를 말하고 써 보니까."

세상을 느리게 재생하면

"그런다고 글쓰기가 즐거워지려나요?"

"차츰 그렇게 될 거야. 게임이 재미있어지는 순간은 규칙이나 조작 방법을 익혀서 어느 정도 잘하게 된 다음부터잖냐?"

"그렇죠."

"그건 게임 실력이 늘어서라기보다 할 수 있는 일이 늘어나서 재미있어지는 거거든."

"할 수 있는 일이 늘어나요?"

"그래. 규칙을 이해하고, 조작하는 데 요령이 생기면 적을 쓰러뜨리고 공격을 피하는 걸 쉽게 할 수 있게 되잖아? 이렇게 할 수 있는 게 많아지니 당연히 게임이 재미있어지지. 공부든, 운동이든, 취미든 다 마찬가지란다. 할 수 있는 일이 늘면 그제야 즐길 수 있게 돼. 글쓰기도 마찬가지야. 표현력이 풍부해질수록 쓸 수 있는 글이 늘면서 즐거워져."

게임에 빗댄 이야기는 잘 이해할 수 있었다. 초등학생 때 피아노를 배운 적 있었는데 잘 치지 못해서 반년도 안 돼 그만뒀다. 다리 여덟 개를 이용해 능숙하게 피아노를 치는 문어송 선생님은 정말 자유롭고 즐거워 보였다. 글쓰기도 그렇게 될 수 있다고?

"그럼 아저씨 말씀은 좌우지간 어휘를 늘리라는 거예요?"
"아니, 아니. 색연필의 개수만 늘려서는 안 돼. 색연필을 사용할 수 있어야지. 색연필이라는 어휘를 가지고 어떻게 그려 내느냐가 중요해."

"그게 무슨 뜻이에요?"

"시간하고 관련된 이야기인데."

"시간? 천천히 쓰라고요?"

"그보다는 글 자체에 흐르는 시간이랄까. 네 첫째 날 일기와 셋째 날 일기를 한 번 더 비교해 보자. 첫째 날 일기에서 문어도리 넌 그날 있었던 일을 아침부터 차례로 쓰고, 집에 와서도 무슨 일이 있었는지 썼어."

"네."

"그런데 셋째 날은 완전히 다르지."

"네, 거의 병문안 갔던 일만 썼으니까요."

"그날 오징어리 병실에 얼마나 있었어?"

"병실에 있었던 시간요? 음, 오전에 도착해서 오징어리가 먹을 점심 식사가 나올 때까지 있었으니까…… 한 시간 정도 될걸요."

"그래. 그런데 고작 그 한 시간 동안 벌어진 일에 대해 넌 이렇게나 길고 자세히 쓴 거야."

"네."

"하지만 첫날 일기를 봐. 같은 한 시간 동안 일어난 일을 겨우 두세 줄로 쓰고 끝이잖냐?"

"정말 그러네요."

"그게 바로 일기를 쓸 때 빠지기 쉬운 함정이야. 뭔가를 쓰려고 해도 달랑 몇 줄 쓰고 말아. 제대로 된 일기를 쓰겠다면서 메모하듯 한두 마디만 적고 말지. '학교에 갔다. 음악 수업이 재밌었다. 집에 와서 게임을 했다. 저녁 먹고 또 게임을 했다.'처럼 말이야."

"맞아요. 제 여름 방학 일기는 죄다 그런 식이었어요."

"그건 말이지, 글을 영상이라고 쳤을 때 '느리게 돌려 보는 글'과 '빠르게 돌려 보는 글'의 차이 같은 거란다."

"느리게 돌려 보는 글이라뇨?"

나는 이해가 잘 되지 않아 아저씨에게 물었다.

"예를 들어 여름에 아이스크림을 먹었다고 치자. 이 상황을 메모하듯 단순하게 쓰면 '아이스크림을 먹었다.'라고 쓰거나, 기껏해야 '더워서 바다포도맛 아이스크림을 먹었다.' 정도가 되겠지?"

"네."

"그런데 실제로는 이렇게 여러 장면이 있었을 거야."

① 더위를 느끼는 장면

② 냉장고로 다가가는 장면

③ 냉장고를 열어 아이스크림을 꺼내는 장면

④ 아이스크림의 비닐을 뜯는 장면

⑤ 아이스크림을 바라보는 장면

⑥ 첫입을 베어 무는 장면

"이 정도로 장면을 세밀하게 구분해서 글로 묘사하면 어떻게 될까? 한번 써 보자."

그날은 아침부터 무척 더웠다.
아이스크림이 먹고 싶어서 흐느적흐느적 냉장고로 다가갔다.
냉장고 문을 열자 생각대로 아이스크림이 하나 남아 있었다.
만세! 승리 포즈를 취한 뒤 살며시 아이스크림을 꺼냈다.
파란 비닐에 싸여 있는 바다포도맛 아이스크림이다.
조심조심 비닐을 뜯자 에메랄드 색 아이스크림이 모습을 드러냈다.
견디기 힘든 더위에 한입 가득 베어 물었다.
후끈후끈했던 입속에 얼음의 찬 냉기가 스며들었다.
천천히 깨물자 상큼한 바다포도 향이 코를 자극하면서 순한 단맛이 입안에 퍼졌다. 꿀꺽 삼킨 조각이 위 속으로 들어가자 또 한 입 베어 물었다.
너무 급하게 먹은 탓에 머리가 띵해져서 눈을 질끈 감았다.
화끈거리던 몸이 좀 식은 것 같아서 이제부터는 차분히 음미하면서 먹어야겠다고 생각했다.

"어때? 그냥 '아이스크림을 먹었다.'라고만 쓰는 것하곤 전혀 다르지 않니? 과장해서 쓴 것도 아닌데 말이야."
"그러네요, 완전히 달라요."
"당시의 순간을 영상으로 느리게 재생하듯 바라보면, 그때 느꼈던 기분이나 감정을 더 세세한 부분까지 글로 풀어낼 수 있어. 우리가 의식하지 못할 뿐이지, 사실 우리는 엄청나게 많은 걸 느끼고 있거든."

"다들 그렇게 글을 쓰고 있는 거예요?"

"좋은 글들은 그렇지. 너도 이 글, 읽어 봤지?"

나는 성게로소이다. 이름은 아직 없다. 어디서 태어났는지 전혀 알지 못한다. 그저 어둑어둑하고 습한 곳에서 깽깽 울고 있었던 것만은 기억난다.

그곳에서, 나는 처음으로 문어라는 존재를 봤다. 나중에 듣자 하니 그것은 학생이라는, 문어 중에서도 가장 사나운 종족이라 했다. 이 학생이라는 자가 때로 우리 성게들을 잡아 삶아 먹는 모양이었다. 그러나 당시에는 아무 생각이 없었던지라 무섭다는 생각이 들지 않았다. 그저, 그자가 나를 손에 얹어 쓱 들어 올렸을 때 어쩐지 두둥실 떠오른다는 느낌이 들었을 뿐이다. 그자의 손바닥 위에서 마음을 진정하고, 고개를 들어 그자의 얼굴을 봤을 때가 소위 문어라는 자와의 첫 만남이었으리라. 이때 느꼈던 묘한 존재라는 인상이 지금도 남아 있다. 무엇보다도 가시로 장식되어 있어야 할 얼굴이 매끌매끌한 것이 흡사 주전자 같았다.

"앗, 이 글 알아요!"

"유명한 《나는 성게로소이다》*의 첫머리야. 이것저것 길게 썼는데, 잘 읽어 보면 난생처음 만난 문어가 자신을 들어올려 문어의 얼굴을 봤다는 짧은 장면이거든. 그런데 느리게 재생하듯 여러 순간으로 잘게 쪼개서 썼기 때문에 무척 풍성하고 재밌어."

"정말 그러네요. 잘 알겠어요."

"실제보다 느린 속도로 세상을 바라보고, 그 당시의 장면을 영상을 느리게 재생하듯 글로 쓰는 것만으로도 문장의 표현력이 완전히 달라진단다. 네 일기가 셋째 날부터 부쩍 재미있어진 건, 그날 병실에서 있었던 일을 마치 느리게 재생한 영상처럼 묘사했기 때문이야."

*《나는 성게로소이다》: 일본의 소설가 나쓰메 소세키의 《나는 고양이로소이다》의 이야기와 등장인물을 이 책의 바닷속 배경 설정에 맞게 패러디한 가상의 문학 작품.

말의 그물코는 촘촘하게

"그럼 제 첫째 날 일기는……."

"느린 재생이 거의 없이 빠른 재생만 있는 글이었지. 일기 전체가 3배속, 5배속으로 쓰여 있어."

"그렇구나."

"물론 3배속, 5배속 장면이 있어도 돼. 모든 장면을 세세하게 쓸 순 없으니까. 하지만 한 곳만이라도 느리게 재생하듯 쓰면 표현은 풍부해지고 말에 정성이 들어가거든. 거기에 어휘가 더해진다면 금상첨화지."

"진짜 그러네요. 엄청 잘 알겠어요."

나는 이져씨 말에 답했다.

"그래. '생각하면서 쓰세요.' 하면 막연하지만, '영상을 느리게 재생하듯 써 보세요.'라고 하면 쉽게 이해할 수 있겠지?"

"아저씨. 아까 아이스크림을 먹는 장면 같은 글을 제가 쓸 수 있을까요? 전 뭐든 5배속 카메라로 보는 것 같은데."

"그건 당연한 거야. 처음부터 실제보다 느린 속도로 세상을 보려 하면 어렵지. 우린 글을 쓰려고 할 때에 비로소 느린 재생 모드로 세상을 바라볼 수 있는 거야."

"글을 쓰려고 할 때에야 비로소……."

"예를 들어 우리는 지금 붉은 산호 수풀을 걷고 있어. 어쩌면 넌 걷는 데 집중하느라 산호들을 자세하게 관찰하지 못할지도 몰라. 아저씨도 대화에 열중하다 보면 붉은 산호를 장애물 정도로만 생각하게 될 수도 있고."

아저씨가 내게 설명했다.

"맞아요."

"하지만 사실은 붉은 산호의 색이나 가지 모양이라든지, 뺨을 어루만지는 바닷물의 온도라든지, 내리쬐는 햇빛의 세기 등등 여러 가지를 보고 느끼고 있을 거거든. 우리가 다 의식하지 못해도 말이야."

"네."

"그러니 이 붉은 산호 수풀에 관해 글로 쓰려고 생각하는 순간, 세상을 바라보는 카메라가 느린 재생 모드로 전환돼. 자, 1분만이라도 괜찮으니까 한번 글을 쓰려고 생각하면서 걸어 보렴."

붉은 산호 수풀은 내 키보다 훨씬 컸다.
짙은 붉은색, 아니, 정확하게는 아저씨의 껍데기와
조금 비슷한 옅은 분홍빛의 산호들.
울퉁불퉁한 바위 땅이라
헤엄칠 수 있는 나는 괜찮지만
아저씨는 걷기 불편한 것 같다.
게다가 아저씨의 껍데기가 자꾸만
산호 가지에 걸린다. 아저씨는 어째서
이런 귀찮음을 무릅쓰고
이곳에 오자고 했을까.
발치에서 빛줄기가 반짝이며 흔들린다.
산호 사이를 헤엄치는
어린 흰동가리들이 참 귀엽다.

"진짜네요. 전 정말 지금까지 아무것도 안 보고 살았네요."

"우리는 많은 걸 보고 듣고 느끼고 있어. 하지만 대부분은 의식에서 그냥 빠져나가거든. 그런 게 못 빠져나가게 잡는 그물이 말인 거야."

"말이 생각과 감정을 잡는다고요?"

"그래. 이건 전에 아저씨가 말했던, 말을 너무 빨리 정하는 것하고 관련된 이야기야. 문어도리 네가 《헤엄쳐 메로스》를 읽었잖아? 그 책을 읽으면서 사실은 많은 걸 느꼈는데도 그냥 '매우 감동했습니다.'라고만 썼다고 해 보자."

"제 독서 감상문은 늘 그런 식이었죠."

"그럼 네 생각과 감정은 왜 빠져나갔을까? 넌 그저 책을 눈으로 읽기만 했던 거야. 이야기를 그냥 따라가기만 한 거지. 하지만 붉은 산호 수풀을 걷는 순간을 쓰려고 주변을 관찰한 것처럼 《헤엄쳐 메로스》를 읽었다면, 여러 감정과 생각을 인식할 수 있었겠지."

"아, 쓰기 위해 생각하면서 읽었다면 말이죠?"

"그래, 그런데 셋째 날 일기에선 세상을 느린 재생 모드로 보고 말의 그물코도 작았어. 이유가 뭘까?"

"오징어리랑 나눈 대화가 재미있어서요?"

"그때를 돌이켜 봐. 나눈 이야기를 잊어버리지 않게 네가 뭘 했더라?"

"아! 맞아요, 메모!"

"그래. 메모를 했기 때문에 영상이 느리게 재생되듯 글도 세세하게 쓸 수 있었던 거야. 지금 메모장을 갖고 있냐?"

"아니요. 학교 책가방에 있어요."

"그럼 조개폰 메모장도 상관없어. 생각난 말, 마음에 남은 다른 사람의 말, 마음에 남은 풍경, 마음에 남은 소리. 뭐든 메모하는 습관을 기르면 일기 쓰기도 즐거워질 거다."

"왜요?"

"메모는 말의 저금통이니까. 뭘 사러 갈 때 이왕이면 돈이 많은 편이 좋잖냐? 꾸준히 메모해서 말들을 잔뜩 저금하는 거야. 그러다 그날 밤에 저금통을 깨서 마음껏 써 버려. 일기라는 나만의 던전에서 말이지."

메모는 '편지'처럼

"그렇구나, 메모는 말의 저금통……. 아저씨, 그거 진짜 그럴싸한데요. 저도 병문안하고 돌아올 때 얼른 일기를 쓰고 싶다고 생각했거든요."

"인상 깊었던 풍경을 사진 찍는 것도 메모나 마찬가지야. 사진을 보면 그때 감정을 되살리는 데 도움이 되니까."

"아! 그러고 보니 수업 시간에 필기하는 대신 칠판을 사진으로 찍는 애도 있어요. 선생님한테 들키면 혼나지만요."

"저런, 그건 좋지 않은데. 말이나 글은 남이 쓴 걸 찍는 것보다 직접 메모하는 편이 낫단다."

"왜요?"

"옛날에 '소라테스*'란 철학자가 살았어. 소라테스는 단 한 권의 책도 남기지 않았지. 정확히 말하면, 뭔가를 글로 쓰는 걸 아주 싫어했어."

"귀찮아서요?"

---

*소라테스: 고대 그리스의 철학자인 소크라테스를 갑각류 동물인 '소라게'에 비유해 패러디한 가상의 인물.

"아니, 오히려 그 반대로 너무 편해서였어. 소라테스는 글을 쓰는 게 종이에 기억을 맡기는 일이라고 생각했어. 쓰고 나면 종이가 기억해 주니 잊어버려도 되니까. 그렇게 뭐든 다 종이에 의지하다 보면 머리를 쓰지 않게 된다는 것이 소라테스의 주장이었어."

"으음, 그 말도 일리가 있긴 하네요."

"칠판 사진을 찍는 경우도 그래. 사진을 찍었다고 안심해선 기억하려고도, 생각하려고도 하지 않지. 그러니까 아무 생각 없이 받아쓰는 것도 사실 좋지 않단다. 받아쓰는 데 집중하느라 정작 수업 내용은 머리에 거의 들어오지 않거든. 선생님 말씀을 이해하려고 머리를 쓰지 않아. 그래서 시험 전에 노트 필기를 다시 봐도 이해가 잘 안 되는 기야. 노트는 엄청 깔끔하게 정리돼 있는데도 말이지."

"에고, 그거 완전히 저네요."

"여기서 문제가 되는 건 두 가지야. 하나는 수업 내용을 아무 생각 없이 필기하는 것."

"네."

"그리고 또 하나는 복사하듯 칠판을 베끼는 것."

"엥? 필기는 칠판을 보고 베끼는 거 아니에요?"

"필기는 시험공부할 때 다시 보려고 하는 거잖니. 바꿔 말하면 미래의 자신을 위해 필기하는 셈이지. 결국 나중에 다시 꺼내 읽어야 해. 일기하고 똑같은 거야. 필기도 '미래의 자신'이라는 독자가 있는 거야."

"음, 그러게요."

"알겠지? 필기의 목적은 단순히 칠판을 베끼는 데 있지 않아. 나중에 다시 읽을 자신을 위해 '편지'처럼 쓰는 거지."

"편지처럼……. 구체적으로 어떻게 하는 건데요?"

"칠판을 그냥 베끼지 말고 그 옆에 자신의 생각도 적어 봐. 예를 들어 수학 선생님의 설명 중 이해가 안 된 부분이 있었다고 하자. 그럴 땐 공식이나 수식을 쓰고 그 옆에 물음표 표시를 해. 그럼 이해 못 했다는 표시가 되잖냐?"

"네."

"그럼 나중에 시험공부할 때 그 표시가 붙은 부분을 중점적으로 보면 돼. 다른 부분은 전부 이해한 부분이니까. 아주 흥미로웠던 내용 옆에는 느낌표 표시를 해 보고, 뭐가 어떻게 재미있었는지 간단한 감상도 쓰고. 그런 힌트만 표시해도 필기를 다시 읽었을 때 이해하는 정도가 다를 거야."

"그러니까 메모에도 그런 표시를 하라는 거죠?"

"그래. 네가 우리 대화 중에 내가 한 말을 그대로 옮겨 적기만 한다면 아마 나중에 다시 읽었을 때 무슨 말인지 잘 모를걸? 나랑 대화하다 든 생각이 있으면 빠뜨리지 말고 쓰고, 줄이나 동그라미를 친다든지, 물음표나 느낌표를 붙인다든지, 다양한 방법으로 미래의 나한테 전달하는 거야."

"거기까지 생각을 안 하니까 그냥 필기만 한 노트가 되는 거네요."

"그래. 그러다 자칫 왜 이런 내용을 쓴 건지 이해가 안 돼서 뜻을 완전히 잘못 이해하거나 문장을 오해하게 될 수도 있어. 문장을 쓸 땐 이런 부분을 조심해야 돼."

큰 그릇의 음식을
작은 그릇에 나누면

"엥? 오해라고요?"

"그래. 글에도 오해는 따르기 마련이란다. 생각해 보면, 글을 읽는 상대방이 나 자신이 아닌 이상, 내가 쓴 글을 오해할 여지는 늘 있지. 완전히 이해하는 건 불가능할 거야. 단, 오해의 여지를 최대한 줄일 순 있어."

"어떻게요?"

"우리가 글을 쓰는 이유는 자신의 감정이나 생각을 상대방한테 전달하기 위해서잖냐?"

"네."

"그리고 오해란, 자기감정이나 생각이 본래와 다른 형태로 전해졌을 때 생기는 거고."

"네, 그렇죠."

"그럼 어느 때 그런 오해가 생길까? 자, 할머니 생신 때 네가 초콜릿 선물을 택배로 보내려고 해. 네가 제일 좋아하는 특별한 초콜릿이야."

"그런데요?"

"그런데 택배로 초콜릿 하나만 보내려니까 아까운 생각이 들거든. 그래서 넌 젤리랑 사탕, 그리고 네가 즐겨 먹는 다시마 과자까지 상자에 다 담아."

"헤헤, 단것을 먹고 나면 짭짤한 게 생각나니까요."

"할머니는 택배를 받고 어떻게 생각하실까. 과자를 잔뜩 보냈으니까 물론 기뻐하시겠지. 하지만 초콜릿을 생일 선물로 보내려 했던 네 원래 의도는 잘 전달되지 않을지도 몰라. 오히려 젤리가 생일 선물이라고 생각하시거나, 좌우지간 많이 드시라는 뜻으로 받아들이실 수 있어. 초콜릿은 다른 과자에 가려질지도 모르지."

"아, 그럴 수도 있겠네요!"

"다시 말해 의도를 전할 땐 단순해야 할 필요도 있어. 네 의도를 최대한 정확히 전하려면 과자를 이것저것 담는 것보다 초콜릿 하나만 선물하는 게 나은 거지."

"그렇겠네요."

"단순한 말로 꾸밈없이 전달하기. 큰 그릇에 여러 음식을 담으면 맛이 뒤섞이니까 각각 다른 그릇에 나눠 담아야 하는 것처럼, 글도 마찬가지야. 내 글을 읽을 독자를 위해 필요한 배려란다."

"각각 다른 그릇에 담는다고요?"

"예를 들어, 문어도리 네가 A, B 그리고 C 이렇게 세 가지 메시지를 전하려고 해. 이때 문장 하나에 세 가지를 다 담으면 읽는 이한테 혼란을 줄 수 있어. 아래의 그릇처럼."

오늘 나는 버스를 타고 학교에 갔는데,
교문 앞에서 날치나를 발견하고는
갑자기 겁이 나서 버스에서 내리지 못하고
옆자리에 앉은 금눈동 할머니와
종점인 바닷속 시민 공원까지 갔다.

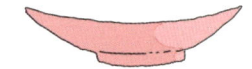

"일기 첫머리를 이렇게 시작하면 읽을 수는 있겠지만 무슨 말을 하고 싶은 건지는 이해가 잘 안 된단 말이지. 큰 그릇 하나에 여러 개의 정보를 담은 상태니까 이야기의 핵심이 잘 파악되지 않는 거야. 그럼 이제 이 문장을 한번 작은 그릇에 나눠 보자."

오늘 나는 버스를 타고 학교에 갔다.	교문 앞에서 날치나를 발견했다.	나는 갑자기 겁이 났다.
나는 버스에서 내리지 못했다.	옆자리에는 금눈동 할머니가 앉아 있었다.	결국 내리지 못하고 종점인 바닷속 시민 공원까지 갔다.

"자, 이젠 어떠냐?"

"깔끔해요. 그런데 좀 부자연스러운 것 같기도 해요."

"이 정도로 세세하게 나누면 완성도 높은 글이라기엔 부족하고, 어딘지 모르게 단순한 문장이라는 인상도 들 거야. 하지만 뜻은 너 분명하게 전달되지?"

"네."

"문장 하나에 하나의 메시지만 담아서 써 봐. 여러 개의 메시지를 담고 싶으면 그만큼 문장을 나눠서 쓰고. 그렇게만 해도 아마 글을 오해하는 일이 확 줄어들 거다."

그렇게 소라게 아저씨와 걸어가다 보니 어느새 눈앞에 드넓은 공간이 나타났다.

뭐랑 닮았을까?

"자, 여기가 아저씨가 좋아하는 곳이란다. 오늘 너한테 꼭 보여 주고 싶었던 풍경이야."

붉은 산호 수풀을 지나자 파랑, 분홍, 노랑, 보라 등 여러 빛깔이 끝없이 펼쳐진 광대한 초원이 나왔다. 물결에 따라 흔들거리며 반짝반짝 빛을 발하는 색색의 초원은 마치 꿈을 꾸는 것처럼 아름다웠다.

"우아! 여긴 어디예요?"

내가 당장 초원으로 뛰쳐나가려고 하자 소라게 아저씨가 "위험해!" 하고 소리치며 제지했다.

"내려가면 안 돼! 저건 말미잘이야. 닿으면 몸이 저릿해지면서 마비되는 독을 갖고 있어. 잘못 건드렸다간 큰일 난다."

"말미잘이라고요? 저 예쁜 초원이요?"

"여기선 붉은 산호 수풀에 들어가면 안 된다고 한다지? 아마 수풀 너머 이 말미잘 초원에 발을 들일까 봐 그런 이야기가 생겨난 게 아닐까?"

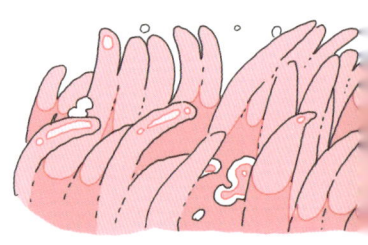

"이제 그런 이야긴 아무래도 상관없어요. 이렇게 아름다운 풍경은 처음 본다고요. 멋져요, 진짜 굉장해요!"

"내가 왜 이 초원을 보여 주고 싶었는지 알겠냐?"

"이 풍경을 좋아해서 아니에요?"

"물론 내가 아주 좋아하는 풍경이라 문어도리 너한테도 보여 주고 싶었어. 하지만 그게 다가 아니야. 아저씨는 네가 이 경치를 글로 어떻게 쓸지 궁금했어."

"엥? 그럼 일기를 쓰게 하려고 데려온 거예요?"

"하하하! 뭐 어때. 너라면 이 풍경을 어떻게 설명하겠어?"

"뭐, 굉장하다거나 예쁘다는 말만 생각나요. 말미잘의 색이나 흔들거리는 모습을 설명할 수도 있겠지만, 지금 저는 '굉장하다', '예쁘다'만 느껴지는걸요. 다른 말은 생가이 안 나요."

"그럴 땐 말이다, '뭐랑 닮았을까?'를 생각해 봐. 분명 굉장하다, 예쁘다란 말 속에 있는 진짜 기분이 보일 거다."

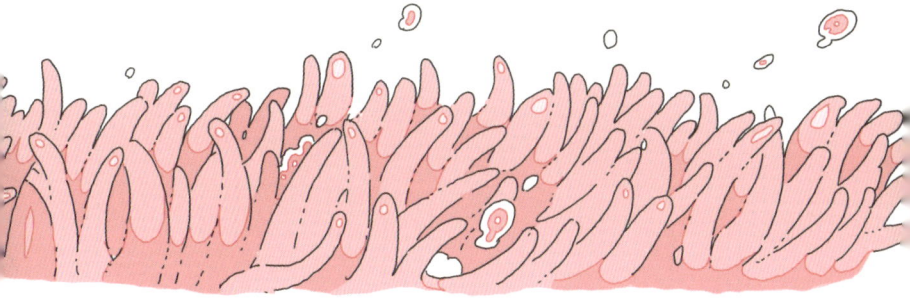

자신만의 주제를 발굴하기

"진짜 기분이라니요?"

"물론 네가 굉장하다고 느낀 건 사실이야. 그런데 조개폰으로 재밌는 동영상을 봤을 때 굉장하다는 느낌과 지금 말미잘 초원을 보고 느낀 굉장함은 다르지 않을까?"

"네, 달라요. 전혀 달라요."

"그런데 '굉장하다'란 말밖에 안 나온다, 그럴 땐 이게 뭐랑 닮았는지 생각해 보면 도움이 될 거야."

"말미잘 초원과 비슷하게 생긴 곳을 찾으라는 뜻이에요?"

"아니. 방금 네가 느꼈던 '굉장하다'란 감정과 최대한 비슷한 감정을 느꼈던 때를 떠올려 보라는 거지."

"음……."

"문어도리 넌 지금까지 감동적인 경험을 여러 번 했을 거야. 영화를 보고 감동했다거나, 누구한테 도움을 받고 진심으로 감격하고, 만화를 보고 눈물을 줄줄 흘린 경험. 그런 다양한 '굉장하다'를 경험했겠지?"

"네, 그건 그래요."

"그럼 그 경험 중 이 말미잘 초원을 보고 느낀 굉장하다는 감정과 가장 비슷한 감정을 느낀 건 언제였지?"

"네? 음, 모르겠는데요. 아까도 말했지만 이런 경치는 처음 봐서요."

"꼭 풍경에 한정하지 않아도 돼. 맛있는 걸 먹었다든지, 오랫동안 못 풀던 문제를 풀었다든지, 미술관에서 피카소라*의 〈게다리카〉*를 봤다든지 했을 때도 괜찮아."

"으음…… 어렵네요. 아저씨, 이건 다음번에 숙제로 해 오면 안 돼요?"

"그럼 최근 경험을 떠올려 보자. 문어도리, 금눈돔 할머니 얘기했던 것 기억나지?"

"당연하죠."

"할머니가 말을 걸었을 때 넌 무슨 생각을 했어?"

"음……. 기쁘다, 고맙다?"

---

*피카소라: 스페인의 화가 파블로 피카소를 연체 동물인 '소라'에 비유해 패러디한 가상의 인물.
*〈게다리카〉: 파블로 피카소가 1937년 스페인 내전 당시 상황을 그린 미술 작품 〈게르니카〉를 이 책의 바닷속 배경 설정에 맞게 패러디한 가상의 미술 작품.

"그럼 그 '기쁘다', '고맙다'는 뭐랑 비슷할까? 그때 어떤 느낌이었는지 잘 떠올려 보렴."

"글쎄요……. 그때 전 온몸이 딱딱하게 굳고 배도 따끔거렸어요. 그런데 할머니가 따뜻하게 말을 걸어 주셔서 스르르 몸이 풀리는 느낌이었어요."

"오오, 그래그래."

"그러니까, 굳이 찾자면 엄청 추운 날 아침, 따뜻한 수프를 먹었을 때? 수프의 온기가 천천히 배 속을 타고 내려가면서 겨우 온몸에 피가 돌기 시작할 때랑 아주 비슷해요."

"좋은데? 그럼 '할머니의 말'은 '겨울 아침의 수프'랑 비슷하단 거구나. 공통점은 '온기'고."

"네. 아, 온기란 말만으론 부족한 것 같아요."

"왜?"

"그 직전까지는 버스 안에서 엄청나게 숨이 막혔거든요. 온몸이 확 움츠러들고요. 그건 추운 날 아침도 마찬가지겠지만 그날은 큰 위로를 받은 느낌이 들었는데……."

"괜찮아. 천천히 말하렴."

"뭐랄까, 할머니가 제게 나눠 주신 느낌?"

"뭘?"

"온기라고 할지, 할머니의 체온을요. 음, '체온을 나눠 줬다.'란 표현이 가장 가까울지도 모르겠어요. 할머니의 말도, 겨울 아침의 수프도 저한테는 제 얼어붙은 마음을 끌어안고 자기 체온을 나눠 주는 느낌이었어요."

"대단한데! 멋진 표현이 나왔구나. 그럼 그날 버스에서 있었던 일을 가지고 '나를 구해 준 말'이라는 주제로 일기를 써 보면 어떠냐?"

"주제요?"

"그래. 그 왜, 초등학생 때 글짓기 시간에는 '소풍 간 날'이라든지 '초등학교를 졸업하며'처럼 주제가 정해져 있었잖냐.

그런데 보통 일기는 주제를 정하지 않으니까 그날 있었던 일로 채우고 마는 거야. 단순한 기록으로만 말이야."

실제로, 내가 일기를 쓸 때 가장 고민되었던 것은, 아무도 일기에 주제를 주지 않는다는 점이었다. 뭘 써도 되니까 되레 뭘 쓰면 좋을지 막막했다.

"그러니까 일기에도 매일 주제를 정하는 게 좋아. 방금처럼 먼저 금눈돔 할머니가 말을 걸어 주었다, 기뻤다, 고마웠다 같은 생각과 감정을 발견하고, '나를 구해 준 말'을 주제로 일기를 쓰는 거야. 괴로워하는 누군가에게 말을 거는 건 자신의 체온을 나눠 주는 일이란 답을 향해 말이지."

모험 지도는 어디에

"잠깐만요, 아저씨. 너무 어려워서 머리가 뒤죽박죽됐어요."
"순서는 간단해. 맨 처음 '뭐랑 닮았을까?'를 생각하기. 방금의 경우엔 겨울 아침 수프를 먹었을 때를 떠올렸지? 그다음은 '어떤 점이 비슷할까?'를 생각해. 여기서 처음으로 네가

'온기'란 단어를 말했어. 그리고 좀 더 깊게 파고들면서 '자신의 체온을 나눠 준다'라는 구체적인 표현이 보이기 시작했지."

"네."

"고통 속의 누군가에게 말을 거는 것. 그건 마음을 끌어안고 자신의 체온을 나눠 주는 일이야. 넌 그때 아주 작은 말 한마디로 구원을 받았어. 그 온기가 싸늘하게 식은 마음을 따뜻하게 해 줬어. 대단한 일 아니냐? 금눈돔 할머니만 계속 생각했다면 그런 답은 나오기 어려웠을 거다."

"그건 그런데……."

"독서 감상문을 쓸 때도 마찬가지야. 《헤엄쳐 메로스》를 읽으면서 감동하고, 흥분하고, 눈물을 흘리기도 하겠지? 그럼 그 감동이 무얼 닮았는지를 사고하는 거야. 예전 기억 속에서 비슷한 감동을 느꼈던 경험을 찾아. 그러면 전에 《스윔 덩크》*란 만화를 읽었을 때 비슷한 감동을 받았다는 걸 깨닫게 될지도 몰라."

"《스윔 덩크》! 아저씨도 봤어요?"

*《스윔 덩크》: 일본의 만화 작가 이노우에 다케히코가 그린 인기 농구 만화 《슬램 덩크》를 이 책의 바닷속 배경 설정에 맞게 패러디한 가상의 만화.

"그럼. 재미있는 만화지. 아무튼 비슷한 감동을 찾아내면 다음엔 어떤 점이 비슷한가를 생각해 봐. 어디 보자, 예를 들어 '우정'이란 단어가 나온다면, 거기서 그치지 않고 좀 더 깊이 사고해 봐. 그렇게 해서 찾아낸 답은 문어도리 너만의 것이야. 그럼 같은 《헤엄쳐 메로스》를 읽어도 나만의 특별한 주제를 찾아 감상문을 쓸 수 있어."

"그럼 이 말미잘 초원에 관해서도 같은 식으로 쓰면 되는 거예요?"

"그렇지. 우선 말미잘 초원을 보고 느낀 굉장하고 예쁘다는 감동하고 비슷했던 걸 떠올려 봐. 그다음 '어떤 점이 비슷한가?'를 사고해. 몇 번이고 납득되는 답을 찾을 때까지 사고하는 거야. 그러다 보면 너만의 답이 보일 테고 너만의 주제도 보일 거야."

"그냥 굉장하다, 예쁘다고만 하면 안 되는 거예요? 왜 그렇게까지 해 가면서 자기를 발견하고 주제를 생각해야 하는 거데요?"

"그래야 던전으로 내려가서 내가 나아갈 길을 찾을 수 있으니까."

"나아갈 길요?"

"그래. 오늘 이야기한 풍부한 어휘력이나 느리게 재생하는 표현력은 던전을 자유롭게 모험하기 위한 '검'이야. 그 검이 있으면 아무것도 겁내지 않고 모험할 수 있지. 그리고 비슷한 경험을 떠올리면서 이끌어 낸 나만의 주제가 이 모험에서 길을 잃지 않도록 방향을 알려 주는 모험의 '지도'야. 수수께끼를 푸는 데 지도가 빠질 순 없잖냐? 문어도리 넌 오늘 검과 지도, 둘 다 손에 넣은 거야."

소라게 아저씨는 붉은 산호 수풀에서 방향을 잃거나 헤매지 않았다. 나아갈 길을 십중팔고 알고 있었고 던전처럼 위험한 말미잘 초원을 자유롭게 모험하고 있었다. 나도 내 던전을 자유롭게 모험할 수 있을까? 반짝이는 말미잘 조원이 유난스레 눈부셨다.

약속 4일째, 9월 10일 일요일

나는 소라게 아저씨를 따라 붉은 산호 수풀에 갔다. 그 수풀 안으로 들어가 본 건 처음이다. 학교에서도, 동네에서도 그 수풀에 들어가면 안 된다고 어른들로부터 여러 번 주의를 받았으니까. 걷다가 문득 돌아보니 이미 입구는 보이지 않았다. 여기서 아저씨를 놓치면 두 번 다시 왔던 곳으로 못 돌아갈 수도 있겠다고 나는 생각했다.

어렸을 때 나는 붉은 산호 수풀을 어둡고, 위험하고, 괴물이 나오는 곳이라고 생각했다. 그런데 실제로는 꽤 밝고 아름다운 장소였다. 짙은 붉은빛 가지가 삐죽삐죽 뻗어 있고 가지 사이로 빛줄기가 반짝반짝 흔들렸다. 바닥은 솟은 바위 때문에 울퉁불퉁했지만, 흰동가리가 헤엄치고 있었다.

"자. 다 왔다. 여기가 너한테 보여 주고 싶었던 풍경이야."

붉은 산호 수풀을 지나자 눈앞에 넓은 초원이 펼쳐져 있었다. 초원은 빨강과 파랑, 분홍, 노랑, 보라 등 다양한 색으로 이루어져 있었다. 게다가 물살의 움직임에 맞춰 풀 하나하나가 한들한들 흔들렸다.

순간 나도 모르게 초원으로 뛰어들려 했다. 그러자 아저씨가 "위험해!"라며 집게발로 나를 막았다. 알고 보니. 이 아름다운 초원은 위험한 독을 가진 말미잘 떼였다. 하마터면 말미잘들 사이에 몸을 던질 뻔했다.

어렸을 때 말미잘이 나오는 옛날이야기를 읽었다. 바다 어딘가에 반짝반짝 빛나는 말미잘 성이 있는데, 너무나도 아름다운 모습에 반해 그 성에 간

물고기들은 몸이 마비되는 독을 먹고 성에 갇힌다. 그러자 마을에서 으뜸가는 용사 흰동가리가 그들을 구하러 간다. 말미잘 마을에서 태어난 흰동가리에게 말미잘 독은 듣지 않기 때문이다. 흰동가리는 갇혀 있던 물고기들에게 해독 미역을 먹여 무사히 구출해 낸다.

어렸을 때는 왜 물고기들이 말미잘 성에 가는지 이해가 되지 않았다. 하지만 지금은 이해할 수 있다. 나도 딱 한 번, 반짝이는 수면을 바라보며 이대로 사라져 버리고 싶다고 생각한 적이 있다. 바위로 착각해 아저씨의 껍데기 위에 누워 있었을 때다.

그때 나는 여러 일로 고민하고 있었다. 학교에서 괴롭힘을 당하는 것, 체육 대회에서 선수 대표로 선서를 하게 된 것, 전교생 앞에서 놀림받게 될 것, 앞으로의 진로, 하필 문어로 태어난 것 등……. 머릿속이 뒤죽박죽이었다.

캄캄한 현실에서 도망쳐 온 공원에는 고요한 시간과 반짝이는 빛이 있었다. 나는 빛이 있는 쪽으로 가고 싶다고 생각했다. 내가 처한 현실을 버리고 나은 곳으로 떠나고 싶었다.

한들한들 흔들리는 말미잘이 나를 향해 손짓하는 것처럼 보였다.

'그렇게 울퉁불퉁하고 거친 데 있지 말고 이리 오렴. 피곤하지? 내 아름답고 푹신한 말미잘 침대에서 이제 쉬어.'

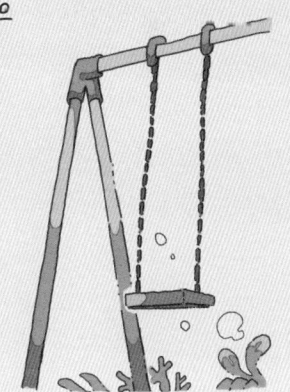

4장 모험을 위한 준비를 마치면

나에게 이렇게 말하는 것 같았다.

무서웠다. 지나치게 아름다운 것은 우리를 쉽게 현혹시킨다.

"그만 갈까?"

아저씨의 낮은 목소리에 정신이 들었다. 아저씨는 이미 말미잘 초원을 벗어나 붉은 산호 수풀에 발을 들여놓고 있었다. 저 수풀을 지나면 현실이 기다리고 있다. 일요일도 이제 끝나 가고 돌아갈 곳은 정해져 있다. 나는 허둥지둥 아저씨를 쫓아갔다.

약속 5일째, 9월 11일 월요일

아침부터 교실이 시끄러웠다. 오늘은 5교시와 6교시 수업 때 다 같이 오징어리의 병문안을 가기로 했다. 어디서 들었는지, 오징어리가 재수술을 할지도 모른다는 이야기도 이미 퍼져 있었다.

"그럼 체육 대회 때까지 절대로 퇴원 못 하겠네. 퇴원해도 휠체어를 탈 텐데."

상어지리는 싸늘한 말투로 '절대로'를 강조했다. 날치나는 그 말을 듣고 조금 불안한 표정을 지었다.

급식을 먹고 점심시간이 끝나자 게게 선생님의 인솔로 병원에 갔다. 버스를 탈 때도, 버스 정류장에서 병원까지 걸을 때도 상어지리가 남자애들 선두에 섰다. 날치나는 가끔 상어지리에게 말을 걸고 웃곤 했다.

게게 선생님이 병실 문을 열자, 오징어리는 약간 놀란 표정이었다.

상어지리와 날치나 등 다른 애들이 뒤따라 들어가니 눈 깜짝할 새에 병실이 꽉 들어찼다.

"고생 많았지? 아직 많이 아프냐?"

게게 선생님의 물음에 오징어리는 고개를 가로저었다.

"이러지 않으셔도 되는데."

"다들 걱정 많이 했거든."

여자애들이 고개를 크게 끄덕였다. 한 명이 "수술은 잘됐어?" 하고 묻자 게게 선생님이 말했다.

"아까 주치의 선생님한테 들었는데, 다음 주엔 퇴원할 수 있다지?"

"재활 치료가 잘되면요. 근데 재수술하게 되면 입원이 좀 더 길어질 수도 있고요."

"그럼 체육 대회 관련해서 선생님이 제안할 게 있다만."

게게 선생님은 나를 잠깐 돌아보더니 말을 이었다.

"오징어리, 선수 대표 선서는 네가 해 보지 않을래? 이어달리기에 참가하지 못하게 됐으니까 선서만이라도."

순간 주위에서 탄성이 터져 나왔다. 복어보가 박수 치자 다른 애들도 곧바로 따라 박수를 치기 시작했다. 곰치고가 내 등을 탁 치더니 고개를 힘차게 끄덕였다. '잘됐네.'라는 뜻일 거다.

"문어돌……이가 그래도 괜찮대요?"

오징어리 말에 게게 선생님은 "그럼, 그럼." 하고 큰 소리로 말했다.

"어떠냐, 문어도리. 괜찮지? 상황이 이렇게 됐으니까 오징어리에게 배턴을 넘겨줄 거지?"

물론 나는 처음 듣는 제안이었다. 하지만 거절할 이유는 없었다. 오히려 어차피 이렇게 됐을 거라는 생각이 들 만큼 자연스러운 제안이었다. 나는 잠자코 고개를 끄덕였다. 그러자 오징어리는 내 눈을 보며 이렇게 말했다.

"그럼 문어돌. 너랑 나랑 둘이 같이하자."

병실이 고요해졌다. 오징어리의 제안도, '문어돌'이라는 별명도 누구 하나 예상하지 못했기 때문이다.

"와하하하! 아니, 너, 그건, 와하하하!"

"농담 아닌데요."

게게 선생님이 웃어넘기려 했는데 오징어리가 말을 딱 잘랐다.

"어…… 그, 그건 뭐 상관없다만 그래도 선서는……."

"선서를 꼭 혼자 해야 하는 건 아니잖아요. 게다가 재수술을 하게 되면 학교에 못 갈지도 모르고요."

날치나가 바위에 들러붙은 따개비라도 보듯 못마땅한 표정으로 나를 노려봤다. 그러더니 흥, 하고 코웃음을 치고 상어지리에게 뭐라 귓속말을 했다.

"퇴원할 수 있도록 노력할게요. 그러니까 무동게 학생 주임 선생님하고도 선수 대표 선서에 관해 의논해 주세요."

계획이 틀어진 게게 선생님은 석연치 않은 표정으로 애들에게 그만 가자고 말했다. 여자애들은 저마다 "힘내.", "기다릴게." 하며 손을 흔들었다. 남자애들 대다수는 냉랭한 태도로 병실을 나갔다.

 오징어리는 왜 갑자기 애들 앞에서 문어돌이라고 불렀을까. 왜 같이 선수 대표 선서를 하자고 했을까. 집에 와서도 내내 그 생각만 했다. 어쩐지 아주 안 좋은 예감이 든다.

약속 6일째, 9월 12일 화요일

"야, 문어도리. 어제 그 '문어돌'은 뭐냐?"

아침에 교실에 들어가자마자 날치나가 대뜸 시비를 걸었다. 나는 초등학생 때 불리던 별명이라고 설명했다.

"그래? 그런데 왜 그 녀석이 갑자기 그 별명을 부르는 건데? 게다가 같이 선서를 하자고 하질 않나."

그 녀석? 오징어리를 '그 녀석'이라고 부른다고? 나는 그전까지 날치나가 오징어리를 그렇게 함부로 부르는 것을 단 한 번도 들어 본 적이 없었다. 교실 한쪽에서는 상어지리 무리가 우리를 보며 히죽거리고 있었다.

"별명을 왜 불렀는지는 모르겠지만, 선수 대표 선서는 오징어리가 체육 대회에 나갈 수 있을지 아직 몰라서 그런 거잖아."

날치나는 불만스러운 표정으로 내 책상을 탁 내리치고는 자기 자리로 돌아갔다.

"날치나. 됐어. 그만해."

날치나를 달래는 상어지리의 목소리가 조용한 교실에 울려 퍼졌다. 결국 하루 종일 뒤숭숭한 반 분위기에서 수업이 끝났다.

소라게 아저씨는 관찰이 중요하다고 했다. 관찰을 해야 느리게 재생되는 영상처럼 세밀하게 묘사하는 글을 쓸 수 있다. 그래서 나는 어제부터 날치나의 변화를 관찰했다. 그 결과 알아낸 게 하나 있다. 날치나는 뭐랄까, 리더가 필요한 타입이다.

오징어리가 다치기 전까지 우리 반 리더는 오징어리였다. 날치나는 그냥 오징어리 옆에 찰싹 붙어 있으면 그만이었다. 그럼 교실의 이인자가 될 수 있었다. 그런데 오징어리가 다치면서 날치나의 자리가 위태로워졌다. 결국 의지할 대상이 없어지자 아주 자연스럽게 상어지리를 추켜세우기 시작했다. 상어지리가 슬그머니 새 리더가 되면서 날치나는 다시 이인자의 자리를 손에 넣었다. 앞으로 며칠만 더 지나면 이런 뒤숭숭한 분위기도 사라지고 선생님들도 상어지리를 리더로 인정하게 될 것이다. 적어도 오징어리가 돌아오기 전까지는.

그러고 보면 나한테 선수 대표 선서를 시키자고 말을 꺼낸 것도 날치나다. 반 분위기는, 알고 보면 일인자가 아니라 이인자가 정하는지도 모르겠다.

집에 와서 저녁을 먹은 뒤 방에서 축구 게임인 <골든 일레븐>을 했다. 나는 운동은 못하지만 축구 게임은 좋아한다. 오징어리가 퇴원하면 함께 게임을 할 수 있을지도 모르겠다.

  게임 하는 내내 조개폰에 메시지가 떴다. 단체 채팅방은 시끄럽다가도 10분 정도 지나면 대개 잠잠해지는데, 오늘은 30분 동안 메시지 알림이 울렸다. 무슨 일이 있는 건지도 모르겠다. 조개폰을 켜니 '문어도리'라는 이름이 여러 번 보였다.

'쟤, 문어도리 아냐?'
'문어도리, 빨리 답장해. 무시하냐?'
'문어도리 맞다니까.'
'너 뭐 하는 거냐, 문어도리!'
'선생님한테 말해야 하는 거 아냐?'
'어째 최근에 좀 이상하다 싶더니.'
'진짜 웃긴다.'
'문어도리, 뭐라 말 좀 해 봐. 이 멍청이야!'

  수백 개 쌓인 메시지를 거슬러 올라가니 사진 한 장이 있었다. 공원을 걷는 소라게 아저씨와 나를 찍은 사진이었다. 곰치고가 사진을 올리며 "문어도리랑 같이 있는 소라게, 그 수상한 인물 아냐?"라고 메시지를 곁들였다.

"껍데기 색깔도 분홍색이고, 그 소라게는 아닌 거 같은데."

  나는 그렇게만 답장을 쓰고 조개폰을 닫았다. 한 시간 가까이 지난 지금도 조개폰에서 메시지 알림 소리가 계속 울리고 있다.

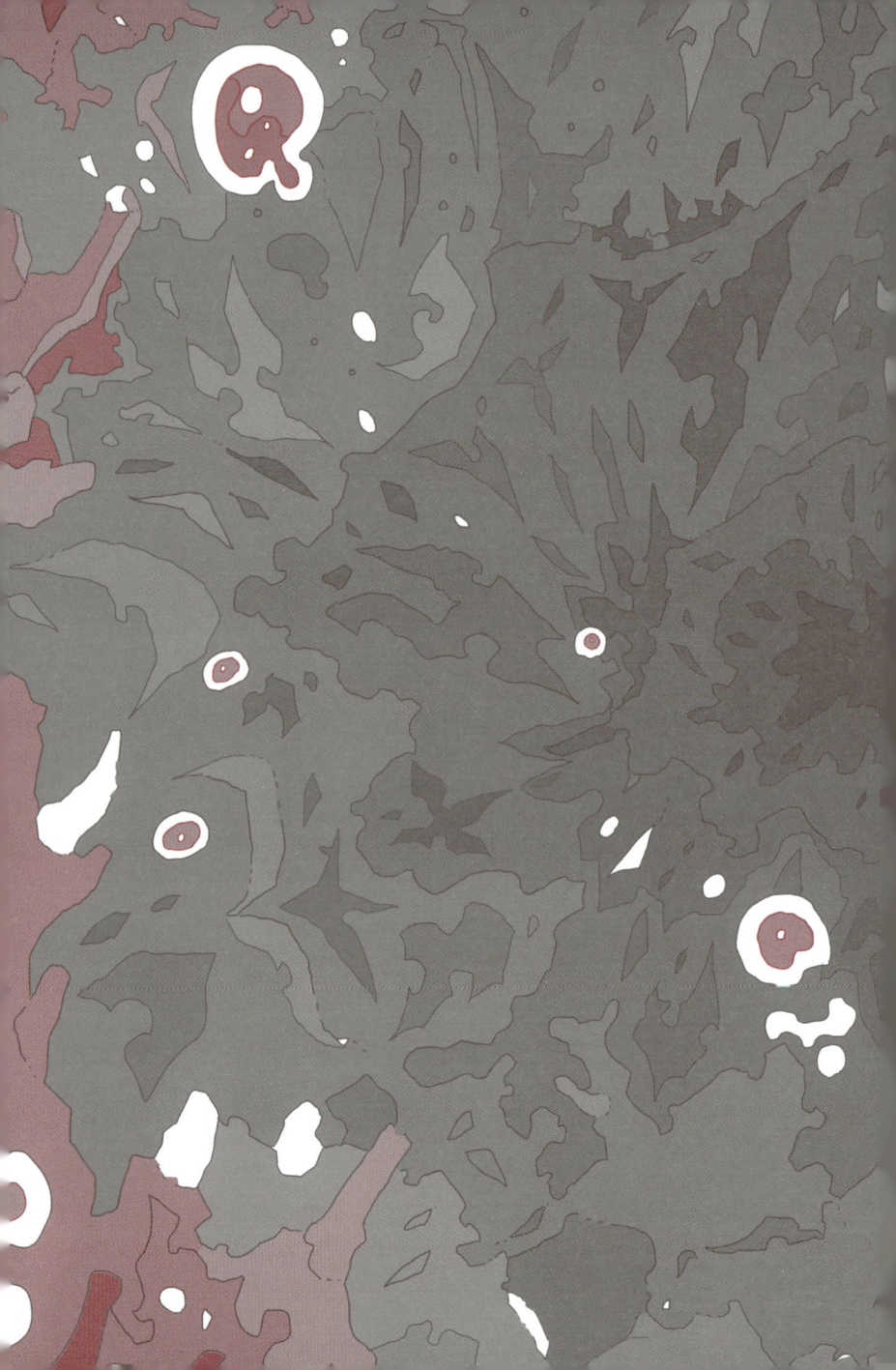

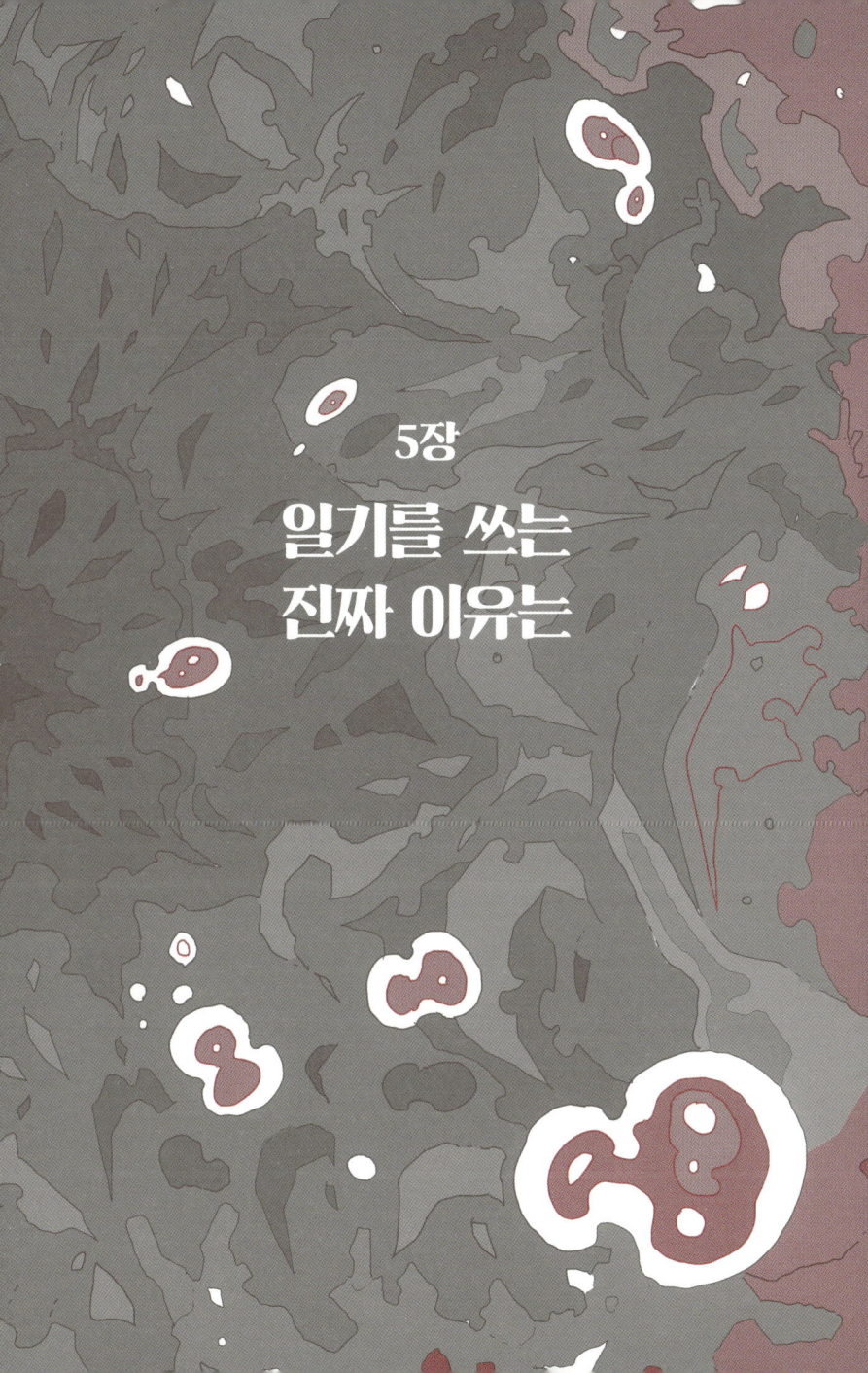

5장

일기를 쓰는 진짜 이유는

아무한테도 할 수 없는 말은
자신에게도 할 수 없어

"그래, 뭐부터 이야기할까?"

일기를 끝까지 읽은 소라게 아저씨가 돋보기안경을 벗으며 물었다. 나는 이날도 학교에 결석했다. 학교에 가 봤자, 보나 마나 날치나 무리가 기다리고 있을 것이다. 아저씨에 관해, 지난번 학교를 땡땡이친 이유에 관해 캐물을 것이다. 잘못 대답했다간 선생님에게 바로 고자질할지도 모른다.

"간판에 관한 건 문어도리 너도 알고 있었지?"

"네……. 아저씨를 처음 만난 날, 집으로 돌아가는 길에 간판을 봤어요."

"그런데 왜 나한테 물어보지 않았어?"

"그게, 저한텐 그냥 아저씨니까요. 그야 아침부터 공원을 얼쩡거리는 걸 보면 누구나 수상하다고 생각하겠죠. 하지만 그건 아저씨를 잘 몰라서 그러는 거예요. 전 아저씨에 대해 안다고요."

"고맙다. 넌 참 착한 애구나."

이날 아저씨는 목적지를 밝히지 않은 채 바닷속 깊은 곳으로 향했다. 분명 사람들 눈을 피하기 위해서일 것이다. 깊이 내려갈수록 빛은 점점 들지 않고 물도 조금씩 차가워졌다. 나는 조금 불안해졌다.

"그런데 아저씨는 네가 말했으면 좋았을 것 같구나."

"남들한테 말했다간 아저씨가 잡혀갈지도 모르잖아요."

"그렇지만 적어도 나한텐 말해도 괜찮지 않았을까? '그런 간판이 있던데 어떻게 된 거예요?' 하고. 그런데 넌 여태껏 그 간판에 대해 나한테 물어보지 않았지."

"그건 그렇지만……."

"문어도리. 우리가 아무한테도 할 수 없는 말은 대개가 자신에게도 할 수 없는 말이기도 해."

"자신에게도 할 수 없는 말이라고요?"

"그래. 말 거품, 기억하지? 우리 머릿속에는 생각들이 거품처럼 뱅글뱅글 소용돌이치고 있다는 것. 말로 표현하지 않으면 '뱅글뱅글'은 사라지지

않아. 그런데 도저히 말로 표현하기를 주저하게 되는 경우도 있단다. 이유가 뭘까? 그건 말로 표현하는 순간, 그게 현실이 되기 때문이란다."

"그게 무슨 뜻이에요?"

"말로 표현하면, 그동안 외면했던 자신의 현실을 마주 볼 수밖에 없어. 다른 사람의 불쾌한 점이라든지, 자신의 지질한 모습이라든지, 자신이 처한 진짜 상황이라든지."

"……."

"문어도리 넌 그 간판과 나에 대한 진실을 알게 되는 게 무서웠던 거야. 그래서 나한테 직접 확인하지 않고 아무것도 모르는 척 그냥 놔두려고 했어."

"전 그냥……."

"그럼 아저씨가 먼저 이야기하마. 그 하얀 껍데기 소라게는 내가 맞아. 간판에 있는 내용도 모두 사실이고. 그래서 난 지금 쫓기고 있어. 아마 조만간 여길 떠나야 할 거다."

"네?"

"여기에 온 뒤로 아저씨는 혼자 쓸쓸히 앉아 있는 애들한테 말을 걸었어. 그중엔 너처럼 아저씨 집에 들어온 애도 있었지. 그 애들은 자기를 걱정스레 찾던 부모님한테 어떤 소라게 아저씨가 집으로 들어오라고 했는데, 그 집은 바다보다 넓더라고 말했어. 그렇게 어느새, 나는 이 동네 지명 수배자가 돼 있었어."

이제야 모든 것이 이해되었다. 나는 아버지 어머니에게도 소라게 아저씨에 대한 이야기를 꺼내지 못했다. 내가 학교를 땡땡이쳐서도, 간판 때문도 아니다. 바다보다 넓었던 아저씨의 집을 제대로 설명할 자신이 없어서였다. 아무도 내 말을 믿어 주지 않아서 소동이 벌어질 것을 알아서였다.

"그럼…… 아저씨는 곧 여길 떠날 거예요?"

"그래야지. 분홍색 껍데기 덕분에 당분간은 괜찮을 줄 알았는데, 내 사진까지 퍼진 이상 떠나는 걸 고려해야겠구나."

고개를 들지 못하는 나에게 아저씨가 부드럽게 미소 지었다. 어느새 아저씨 머리 위에 말 해파리가 헤엄치고 있었다.

"걱정 마라, 문어도리 너한테는 피해 안 가게 할 거니까."

우리는 말 해파리의 빛에 의지하면서 더 멀리, 깊고 어두운 바닷속으로 걸어갔다.

일기에 불평불만을 쓰지 않으려면

"자, 그럼 다시 일기 이야기로 돌아가 볼까?"

소라게 아저씨가 기운을 북돋워 주듯 힘찬 목소리로 말했다.

"네 일기, 아주 좋았어. 특히 말미잘 초원에 대해 쓴 부분이 훌륭하던데. 그건 어떤 식으로 썼지?"

"아저씨가 가르쳐 준 대로 해 봤어요. 먼저 말미잘 초원을 봤을 때 느낀 '굉장하다'와 '예쁘다'란 감정과 비슷한 감정을 느꼈던 경험을 떠올렸거든요. 그랬더니 아저씨를 처음 만났을 때 아저씨 껍데기 위에 누웠던 게 생각났어요."

"네가 '차라리 그냥 사라져 버리고 싶어.'라고 말했을 때 말이지?"

"네, 그때 반짝이는 수면을 봤을 때가 말미잘 초원을 봤을 때랑 비슷한 느낌이었어요. 묘하게 예뻤다는 점에서요."

"묘하게 예뻐?"

"뭐랄지, 하얀 산호 수풀이 예쁜 것하곤 전혀 다른 느낌으로요."

"그거 좋은데. 비슷하지 않은 점도 생각했구나."

"그래서 반짝이는 수면이랑 말미잘 초원의 어떤 점이 비슷한가 생각해 봤더니 '무서움'인 것 같더라고요."

"무서움?"

"계속 보고 있으면 의식이 점점 흐릿해지면서 빨려 들어갈 것 같았거든요."

"그럼 말미잘 초원을 볼 때도 빨려 들어갈 것 같았어?"

"네, 이유 없이 뛰어들고 싶었어요. 하지만 수면이 반짝이는 걸 봤을 때도, 말미잘 초원을 봤을 때도 결국 아저씨 목소리를 듣고 정신이 들었어요. 말하자면 아저씨가 저를 현실로 돌아오게 해 준 거예요."

"아하하, 그럴지도 모르겠구나. 그래서 현실로 돌아와 봤더니 어땠지?"

"돌아갈 수밖에 없구나, 하는 생각이 들었어요."

"좀 더 자세히 말해 줄래?"

"뭐랄까, 텔레비전 같은 데서 보면 어른들이 '힘들면 언제든 도망쳐도 된다.'라고 하잖아요. 그래서 저도 학교를 빠진 거고요. 하지만 학교랑 입시랑 친구 관계 같은 문제에서 아무리 도망치고 싶어도, 결국 완전히 도망칠 수 있는 건 아니니까 결국 원래 있던 장소로 도로 끌려가요. 그러니까 도망쳐도 되지만, 언젠가는 돌아가야 해요. 아직 전 중학생이니까…… 얼른 어른이 되고 싶어요."

"자신과의 대화를 잘하고 있구나."

"네, 조금은 되는 것 같아요."

"다른 날은 어땠어? 5일째라든지 6일째 일기는?"

"그건, 저……."

"왜? 무슨 일 있었어?"

"음, 아저씨. 화내지 마세요. 사실은 이제 일기를 그만 쓰는 게 낫지 않을까 싶었어요."

소라게 아저씨는 멈추어 서서 내 눈을 빤히 바라보더니 물었다.

"왜 그런 생각이 들었어?"

"아까 아저씨가 말한 '자신에게도 할 수 없는 말' 때문에요. 막상 일기를 쓰려고 하니 저한테서 마음에 안 드는 부분이 너무 많이 보이더라고요. 친구 욕이라든지 학교에 대한 불평이라든지 부모님에 대한 불만 같은 것만 자꾸 생각나는걸요. 물론 그걸 일기에 쓰진 않았어요. 저도 그런 내용은 나중에 다시 읽기 싫을 테니까요. 그런데 자꾸 험담만 나와서 이거고 저거고 다 싫어지는 건 진짜예요."

"그랬구나."

아저씨는 왠지 모르게 안심한 표정으로 말했다.

"그건 일기를 처음 쓰기 시작한 사람들이 빠지기 쉬운 함정이란다. 왜냐하면 우리는 일기에 고민을 쓰기 십상이거든. 아무래도 자신한텐 그게 제일 절실한 화제이니까."

"네."

"고민을 자세히 쓰려다 보면 아무래도 자신을 괴롭히는 사람들의 험담을 하게 되기도 해."

"맞아요, 정말 그랬어요."

"아니면 거꾸로 일기에 자책만 하는 사람도 있어. '내가 왜 그런 짓을 했을까?', '이제 난 다 틀렸어.', '난 바보야.' 같은 식으로 말이야. 그런 감정적인 자책은 그 의미의 무게하곤 달리 의외로 가볍게 술술 나오거든."

"그것도 왠지 알 것 같아요. 한번 그런 말을 쓰면 자꾸자꾸 다음 말이 나오는 느낌이에요."

"여기서 명심해야 할 건, 일기를 쓸 때 부정적인 감정과 적절하게 거리를 둬야 한다는 거야. 오히려 거리를 두기 위해 일기를 쓴다고도 할 수 있겠지."

"어떻게 거리를 두는데요?"

"지금 드는 부정적인 감정을 이미 지나간 과거의 감정으로 바꾸는 거야."

"과거의 감정으로요?"

"그래. 예를 들어 문어도리 네가 일기에 '나는 바보야.'라고 쓴다고 해 보자. 그건 지금의 네가 느끼는 기분이겠지?"

"그렇죠."

"그러면 그걸 '나는 바보야,라고 생각했다.'라고 써. 현재형

이었던 표현을 과거형으로 바꿔 봐. 그럼 부정적인 감정하고 거리가 생기잖냐."

"과거형으로 바꾸면 지나간 감정이 된다고요?"

"그래. 그러니까 다른 사람 험담을 쓰고 싶을 땐 참지 말고 써도 괜찮아. 단, 과거형으로. '날치나는 진짜 재수 없어.'라 쓰지 말고 '날치나는 진짜 재수 없어, 라고 생각했다.'라고 쓰는 거지. 마치 이미 해결된 것처럼."

"과거형으로 바꾼다고 현재의 기분이 정말 달라져요?"

"적어도 아저씨한텐 그래. 과거형으로 이미 해결된 일인 것처럼 쓰면 '어째서 날치나가 재수 없다고 생각했을까?'란 물음으로 이어질 수도 있거든. 그러면 그 물음에 스스로 답하면서 일기를 써 나가. 아마 네가 일기를 다 썼을 즈음엔 말 해파리들이 너만의 책꽂이에 잘 정리해 줬을 거다."

5장 일기를 쓰는 진짜 이유는

고민을 둘로 나눠 사고하기

"그렇지만 쓰려고 하니까 보고 싶지 않았던 현실을 보게 되는 거잖아요. 알고 싶지 않았던 자기의 불쾌한 면을 알게 되는 거고, 그럼 고민이 되레 늘기만 하는데요? 차라리 아예 쓰지 않는 게 나은 거 아니에요?"

"아저씨 생각은 그거랑 반대인데. 쓰든 안 쓰든 그런 자기 모습은 존재하고 그런 현실은 존재해. 눈에 보이지만 않았을 뿐, 그것들은 전부터 존재하고 있었어. 그리고 일기를 쓰는 건, 그런 것들을 해결하려는 거고."

"일기가 고민을 해결해요? 어떻게요?"

"음, 이렇게 생각해 보자. 지금 우리는 여러 고민거리가 든 상자를 들고 있어. 그리고 이 상자에 든 고민들을 정리 정돈하고 싶어 해."

나는 못 쓰게 된 장난감이 가득 든 상자를 상상했다.

"그럼 정리 정돈을 어떻게 하면 좋을까? 먼저 작은 상자 두 개를 꺼내기로 하자. '사고 상자'와 '걱정 상자'."

"사고 상자랑 걱정 상자요?"

"예를 들면, 문어도리 네가 '체육 대회 날 파도가 잔잔하면 좋겠다, 폭풍이 안 불었으면.' 하고 생각한다 해 보자. 하지만 다음 주 날씨는 아무리 생각해 봤자 바꿀 수 있는 게 아니잖냐? 이렇게 아무리 생각해도 답이 나오지 않는 것, 자기가 어떻게 할 수 없는 것. 이런 고민을 걱정 상자에 넣어."

"날씨 말고 또 뭐가 있을까요?"

"'그 애는 날 어떻게 생각할까?' 같은 고민은 알기 쉬운 걱정이지? 생각해 봤자 알 길도 없으니까."

"으음, 그럼 사고 상자에 들어갈 수 있는 것은요?"

"네가 체육 대회 날 대표 선서 자리에서 뭘 어떤 식으로 말할지에 대한 고민 같은 것들. 그런 고민은 생각하면 답을 찾아낼 가능성이 있으니까 사고 상자에 넣는 거야."

"하지만 전 대표 선서할 게 걱정되는데요?"

"걱정과 사고를 구분하는 법은 간단해. 먼저, 지금 자기가 할 수 있는 일이 하나라도 있는 고민은 사고 상자에 넣어. 더 사고해 볼 가치가 있으니까. 하지만 지금 자기가 할 수 있는 일이 하나도 없는 고민은 걱정 상자에 넣어 옷장에 보관해. 사고해 봤자 소용없어. 자기가 할 수 있는 일이 아무것도 없으니까."

"자기가 할 수 있는 일이라고요?"

"그래. '사고'를 하는 건 답을 찾는 일이라고 했지? 사고는 고민을 해결하기 위한 거야. '아, 선서는 하기 싫은데, 안 하면 안 되나?'라고 불평만 한다면 아무것도 해결되지 않아. 지금 할 수 있는 일을 사고할 때에 비로소 고민을 해결할 방법을 발견할 수 있을 거다."

"지금 자기가 할 수 있는 일······."

"그래. 미래의 네가 아니라, 지금의 네가 할 수 있는 일. 그렇게 사고해서 얻은 답을 실제 행동으로 옮겨. 그러면 고민이라는 '거품'이 정리될 거야."

일인칭을 삼인칭으로 바꾸면

나는 다시금 사고 상자와 걱정 상자를 떠올렸다. '다음 주 날씨는 어떨까?' 같은 고민은 확실히 걱정 상자에 들어갈 것이다. 그리고 선수 대표 선서나 입시 같은 문제는 분명 사고 상자에 들어갈 것이다. 슬슬 진로도 정해야 한다.

그럼····· '그 고민'은 어떨까? 내가 생각하는 그 고민은····· 어느 상자에 들어갈까.

'괴롭히지 마!'

울상 짓는 문어가 그려진 꾸깃꾸깃한 교과서가 떠올랐다.

"제 고민은 어느 쪽도 아닌 것 같은데요."

"무슨 뜻이지?"

"저한테 가장 큰 고민은 제가 문어라는 사실이거든요. 문어라서 이렇게 얼굴이 새빨개지고, 먹물까지 나오는 거잖아요. 그건 어떻게 해도 안 되는 거잖아요. 아무리 일기를 쓰고, 열심히 사고한다 해도 절대 해결되지 않아요. 그러니까 전 앞으로도 내내 고민할걸요. 지금처럼 저 자신을 계속 싫어하면서요. 아저씨처럼 행복한 소라게는 절 이해 못 하겠지만요."

"그래, 넌 네가 문어라는 사실이 고민인 거구나. 문어가 아니었다면 좋았을 거라고 생각하고 있어. 아저씨는 문어가 멋있다고 생각하는데 말이지. 팔다리가 많지, 몸도 유연하지, 자유롭고 거침없이 헤엄치지, 먹물 같은 필살기까지 있잖아. 그러니까 문어도리, 너도 자기 자신을 더 객관적으로 보면 어떨까?"

"객관적으로 본다는 게 어떤 거예요?"

"자기 자신을 이야기 속 주인공으로 바꿔서 보라는 거야."

"어떻게요?"

"네가 쓴 일기를 살짝 손보면 돼. 예를 들어 4일째, 말미잘 초원에 갔던 날의 일기를 볼까?"

아저씨가 내 일기장을 찬찬히 넘겼다.

"그래, 이 첫머리 부분이 딱 좋겠다."

나는 소라게 아저씨를 따라 붉은 산호 수풀에 갔다. 그 수풀 안으로 들어가 본 건 처음이다. 학교에서도, 동네에서도 그 수풀에 들어가면 안 된다고 어른들로부터 여러 번 주의를 받았으니까. 걷다가 문득 돌아보니 이미 입구는 보이지 않았다. 여기서 아저씨를 놓치면 두 번 다시 왔던 곳으로 못 돌아갈 수도 있겠다고 나는 생각했다.

"보렴. 이날 일기에서 넌 자신을 '나'라고 부르고 있지?"
"네. '나'가 맞잖아요."
"그럼 이런 식으로 바꿔 보면 어떻게 될까?"

 문어도리는 소라게 아저씨를 따라 붉은 산호 수풀에 갔다. 그 수풀 안으로 들어가 본 건 처음이다. 학교에서도, 동네에서도 그 수풀에 들어가면 안 된다고 어른들로부터 여러 번 주의를 받았으니까. 걷다가 문득 돌아보니 이미 입구는 보이지 않았다. 여기서 아저씨를 놓치면 두 번 다시 왔던 곳으로 못 돌아갈 수도 있겠다고 문어도리는 생각했다.

 "에에엥?"
 "두 군데. 네 일기장의 '나'를 '문어도리'라고 바꿔 봤어. 그 외 다른 부분은 토씨 하나 고치지 않았고. 자, 비교해서 보니까 어때?"
 "굉장해요. 어째 무슨 소설 같아요."
 "재미있지 않냐? 문법적인 이야기를 하자면 '나'는 일인칭

대명사이고, '문어도리'는 삼인칭 대명사야. 그리고 일기는 보통 일인칭으로 쓰지. 그걸 삼인칭으로 바꾸는 것만으로도 글의 느낌이 이만큼 달라진단 말이지."

"굉장해요. 재미있네요. 정말 제가 아닌 거 같아요."

"일기에 들어가는 네 이름을 완전히 다른 인물로 바꾸면 더욱 네 이야기처럼 느껴지지 않을 거야. 이런 식으로."

망둥도리는 소라게 아저씨를 따라 붉은 산호 수풀에 갔다. 그 수풀 안으로 들어가 본 건 처음이다. 학교에서도, 동네에서도 그 수풀에 들어가면 안 된다고 어른들로부터 여러 번 주의를 받았으니까. 걷다가 문득 돌아보니 이미 입구는 보이지 않았다. 여기서 아저씨를 놓치면 두 번 다시 왔던 곳으로 못 돌아갈 수도 있겠다고 망둥도리는 생각했다.

"우아, 아까보다 더 제 이야기 같지 않은데요!"

"그렇지만 실제로 붉은 산호 수풀에 들어간 건 문어도리 너 자신이야. 망둥도리는 네 분신인 셈이고. 이런 식으로 생각하고 바꿔 읽으니까 마치 네가 이야기 속 주인공처럼 느껴지지 않아?"

"그럴지도요."

"일기를 처음 쓸 때 일인칭인 '나'를 되도록 많이 사용해 보렴. 그리고 일기를 다 쓰고 나면 일인칭을 '망둥도리' 같은 삼인칭으로 바꾸는 거야. 이러면서 부자연스러워진 문장들이 있다면 바로바로 다듬고. 이렇게 하는 것만으로도 어느새 문어도리 넌 모험의 주인공이 되어 있을 거다."

일기 속에서 태어나는 '또 하나의 나'

일기 속 '나'를 삼인칭으로 바꾸니 정말 내가 아닌 것 같았다. 심지어는 내가 정말 이야기 속 주인공처럼 느껴졌다. 놀랄 일이다.

하지만 뭔가 마음에 걸렸다. 왠지 내가 속고 있는 것처럼, 석연치 않은 느낌을 도저히 지울 수 없었다.

"어째 거짓말 같아요. 그냥 말로 속여 넘기는 것뿐이잖아요."

"속여 넘겨?"

"망둥이나 고래로 아무리 바꿔 써 봤자 현실 속의 전 여전히 문어인걸요. 그냥 비참한 문어라고요. 일기를 어떻게 쓰든 고민이 해결될 리 없잖아요!"

"과연 그럴까? 만약 문어도리 네가 네 일기를 '망둥도리'의 이야기라 생각하고 읽는다 쳐."

"네."

"일기 속 '망둥도리'는 많은 걸 생각하고 있을 거야. 매일 온갖 일을 겪으면서 사고도 할 거고, 어떤 고민 하나 때문에 몇 주씩 질질 끌며 괴로워하다가도 지난주에 했던 고민은 까맣게 잊어버리기도 할 테지. 맛있는 간식을 먹고 좋아하거나 친구랑 싸워서 우울해하거나, 그렇게 매일 다양한 모습을 보이겠지."

"뭐, 일기를 몰아서 읽으면 그렇게 보일 수도요."

"그런 식으로 일기를 돌이켜 보면 '망둥도리는 좋은 녀석이구나.'라든가 '망둥도리는 노력을 많이 하네.', '꽤 재밌게 지내는데.' 하는 생각이 들 거야. 어떨 땐 망둥도리가 하는 고민이 아주 사소하게 느껴지기도 하고 말이지."

"그건 결국 제 고민인데도요?"

"그래. 하지만 이건 한두 번 하는 글짓기로는 의미가 없어. 매일 계속해서 쓰는 일기이기 때문에 가능한 일이란다."

"왜요? 왜 일기가 아니면 안 되는 건데요?"

"생각해 보렴. 일기를 읽는 건 결국 자기 자신밖에 없잖냐?"

"그렇죠."

"다시 말하면, 일기는 거짓말을 할 필요가 없는 공간인 거야. 착한 애인 척할 필요도 없고, 폼 잡을 필요도 없어. 있는 그대로의 자신을 맘루 표현할 수 있는 유일한 곳인 거지."

"그렇지만 전 일기에 거짓말은 안 했어도 제 본심을 다

쓰진 않았는걸요. 붕장어조 욕을 하고 싶었는데도 안 했고, 날치나에 대한 것도 그냥 모호하게 표현했다고요."

"당연해. 처음부터 대뜸 일기에 본심을 쓰기는 쉽지 않아. 하지만 그럴수록 매일 써 보렴. 거짓말하고, 폼도 잡으면서 속마음을 숨기다 보면 결국엔 매일 쓰기 어려워질 수밖에 없어. 그래도 어떻게든 매일 쓰다 보면, 결국엔 괜한 장식이나 수식 없는, 있는 그대로의 내 모습을 쓰게 될 거란다. 일기는 그래서 훌륭한 거야."

"매일 계속해서 쓰는 것만으로요?"

"그래. 확실하게 말해서 우리는 독서 감상문을 거짓말로 쓰기도 해. 글짓기를 하면서 거짓말을 쓰기도 하고. 그건 피할 수 없는 일이야. 어째서일까?"

"음……."

"그런 글은 학교 선생님이나 친구가 읽는 글이라서야. 남한테 평가받는 글이라 평가를 신경 쓰면서 쓸 수밖에 없거든."

"글짓기나 독서 감상문이 거짓말이라고요?"

소라게 아저씨가 고개를 저었다.

"모든 글이 다 그런 건 아니겠지만, 아무래도 다른 사람의 평가를 신경 쓰면서 쓴 글이니 그럴 가능성이 있겠지. 그래서 말이다, 자기 자신만이 읽는 일기를 계속 써야 하는 거란다. 칭찬받기 위해서도, 실력을 다투기 위해서도 아니니까. 일기를 쓰는 목적 같은 건 잊어버리고 그냥 계속 쓰렴. 그렇게 몇 년을 계속하는 거지. 자, 몇 년 동안 일기를 쓴다면 과연 어떻게 될까?"

"어떻게 되는데요?"

"일기 속에서 '또 하나의 나'가 태어나."

"네?"

"일기 안에 있는 나 자신을 좋아하게 돼. 이건 정말이란다."

"또 하나의 나가 뭐예요?"

아저씨가 다음 말을 이었다.

"'또 하나의 나'란 말이다,
학교에서의 나, 심지어 꿈속에서의 나도 아닌
문어도리 너만 아는 또 다른 너 자신이야.
다른 사람들 앞에선 얌전하지만
일기장 속에선 말수가 많은 너.
남의 눈치 따위 보지 않고
네 생각을 자유롭게 표현할 줄 아는 너.
그건 네 거짓된 모습이 아니란다.
그 어떤 거짓도 없이 실제로 존재하는 또 하나의 너.
적어도 일기장을 펴면,
그런 네가 거기 있을 거야."

캄캄한 바닷속, 아무것도 보이지 않던 시야가 갑자기 확 밝아지는 듯했다. 아저씨가 일기를 권하는 이유를 이제야 알 것 같았다. 오징어리와 함께 있을 때의 나, 날치나와 함께 있을 때의 나, 붕장어조와 함께 있을 때의 나, 부모님과 함께 있을 때의 나.

 '나'는 한 명이 아니었다. 각 장소에, 각각 다른 내가 있다.

 일기를 계속 쓰다 보면 '또 하나의 나'가 태어난다. 교실에서의 나를 좋아할 순 없어도, 일기 속의 나를 좋아하게 될 수는 있다. 던전 끝에서 나를 기다리는 최종 보스는 거대한 용이 아니라 자기 자신이다.

 "자, 이제 목적지에 거의 다 왔어. 같이 내려가자."

 아저씨는 꽤 낮게 내려앉은 바닥으로 뛰어내려 착지했다. 가루처럼 고운 모래가 날아올랐다. 이어서 나도 뛰어내렸다. 말 해파리가 비추는 곳에 푸른 물줄기가 솟아오르는 것이 보였다. 아저씨가 껍데기에서 작은 유리병을 꺼내더니 그 물을 담기 시작했다.

 "이건 무슨 물이에요?"

 "바다 밑바닥에서 솟아나는 파란색 잉크야. 파란색 천연 잉크는 정말 최고지."

말 해파리가 만년필을 가져왔다. 진주 장식이 박힌 매우 예스럽고 아름다운 만년필이었다.

"이 만년필은 아저씨가 중학생 때 바다거북 할아버지한테 받은 거란다. 백 년도 더 된 골동품인가 보더라."

아저씨가 만년필과 파란색 잉크가 담긴 작은 병을 건네며 말했다.

"자, 문어도리. 일기를 쓰렴. '또 하나의 나'를 만날 때까지, 이 만년필로 계속 쓰는 거야. 분명 조개폰보다 더 좋은 파트너가 돼 줄 거다."

"아저씨, 이건 받을 수 없어요. 이렇게 소중한 물건을……."

"괜찮아. 네가 또 하나의 널 만나게 되면, 그때 다른 누군가한테 이걸 넘겨주렴. 글쓰기가 필요한, 미래의 누군가에게."

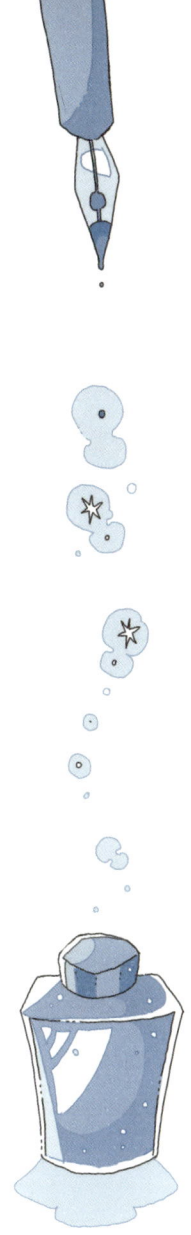

> **문어도리의 일기**
> ## 약속 7일째, 9월 13일 수요일

오늘은 아침부터 소라게 아저씨를 찾아갔다. 곰치고가 찍은 사진 이야기를 알리고, 앞으로 어떻게 하면 좋을지 의논해야겠다고 생각해서였다.

아저씨는 간판에 나온 수상한 소라게가 맞았다. 하지만 그건 사람들이 아저씨에 대해 잘 몰라서 일어난 오해다. 아버지나 어머니도, 게게 선생님도 낯선 외국에 가서 돌아다녔다가는 아저씨처럼 수상한 인물로 의심받을 수 있다.

원래 오늘 일기에는 바다 밑바닥에서 아저씨와 주고받았던 이야기를 쓰고 싶었다. 일기를 쓰는 의미에 대해, 아저씨에게 받은 만년필에 대해 기록해 두고 싶었다.

하지만 너무 많은 일이 벌어지는 바람에 아직도 머릿속이 혼란스럽다.

아저씨와의 대화를 마치고 공원으로 돌아와 버스를 탄 다음 조개폰을 켰다. 그사이 전화나 메시지는 와 있지 않았다. 단체 채팅방에는 읽지 않은 메시지가 500개 이상 남아 있었다. 도무지 다 읽을 수 있을 것 같지 않아서 일단 '읽지 않음' 표시만이라도 없애려고 대화창을 클릭했는데, 누군가 '우아, 조회 수 엄청나다!'라고 쓴 메시지가 눈에 띄었다. 조회 수라니?

'우아, 조회 수 엄청나다!'

'어디까지 올라갈까?'

'저러다 체포당할걸.'

'꽁치고, 굉장한데?!'

'분홍색 껍데기가 무지 수상쩍네ㅋㅋㅋㅋㅋ!'

'문어도리, 살아는 있냐?'

꽁치고가 소라게 아저씨와 내가 함께 있는 사진을 SNS에 공개한 것이었다. 그것도 굳이 간판과 나란히 올리며 '수배 중인 수상한 인물, 바닷속 시민 공원에서 발견?'이라는 글과 함께. 조회 수가 어마어마했다.

조개폰을 든 내 손이 부들부들 떨렸고 심장은 쿵쿵 뛰었다. 그 글에 달린 댓글에는 말도 안 되는 내용들이 줄줄이 쓰여 있었다. 이 소라게는 유괴범이라느니, 가는 데마다 애들을 납치한다느니, 함께 있는 문어도 행방불명됐다느니, 사실 이 소라게 옆에 있는 문어도 공범이라느니, 유괴한 아이를 상어 조직폭력배들한테 넘긴다느니……. 댓글은 그런 터무니없는 거짓말들로 넘쳐 났다.

버스 정류장에서 내린 뒤, 나는 차라리 꽁치고에게 전화를 해 볼까 생각했다. 어째서 이런 일을 벌인 건지, 내 어떤 부분이 마음에 안 드는 건지, 어떻게 하면 사진을 삭제해 줄 건지 직접 물어볼까 고민했다.

조개폰을 열어 통화 기록을 봤다. 소라게 아저씨를 처음 만난 날에 모르는 번호로 걸려 온 전화가 가장 최근 통화 기록이었다.

누가 건 전화였을까? 왠지 게게 선생님도, 어머니도, 학교와 관계 있는 사람도 아닐 듯했다. 꽁치고가 나와 소라게 아저씨 사진을 몰래 찍은 것처럼, 지금도 누군가 우리를 감시하고 있을 것 같았다.

내가 모르는 곳에서 뭔가 좋지 않은 일이 벌어지고 있는 듯했다.

집에 오니 어머니가 먼저 와 있었다. 어머니는 오늘도 내가 학교에 결석한 줄 모르는 것 같았다.

"어서 오렴. 일찍 왔구나."

나는 네, 하고 짧게 대답하고서 내 방으로 갔다. 아마 부모님도 며칠 내로 그 사진을 보게 될 것이다. 그 소라게는 누구인지, 그 시간에 왜 공원에 있었는지, 그 소라게와 같이 뭘 했는지 등등 나에게 물을 것이다. 꽁치고는 자기가 무슨 짓을 한 건지 알고 있기나 할까? 정말 바보 같은 녀석이라고 생각했다.

아저씨가 준 만년필은 좀 쓰기 불편하다.

약속 8일째, 9월 14일 목요일

그러고 보니 일기를 쓰기 시작한 지 어제로 딱 일주일이 지났다. 처음에는 과연 사흘은 쓸 수 있을지도 알 수 없었는데, 아직까지는 싫증 내지 않고 계속 쓰고 있다. 분명 소라게 아저씨와 오징어리랑 약속한 덕일 것이다.

아침에 학교에 도착해 교실 문을 연 순간 "어이쿠, 참고인이 납셨군."이라고 외치면서 날치나가 달려왔다. 상어지리와 다른 남자애들도 뒤따라 다가왔다.

"야, 문어도리. 공원에서 뭘 한 거냐? 그 소라게는 누군데?"

나는 버스에서 내리지 못해 공원까지 간 것이고, 함께 있던 소라게 아저씨는 수상한 인물이 아니라고 말했다. 그리고 우연히 공원에서 만났을 뿐, 이름도 모른다고도 덧붙였다. 거짓말은 아니다.

"그래? 그런 것치곤 엄청 즐겁게 이야기하던데."

곰치고가 옆에서 얼굴을 쑥 내밀었다. 그러자 날치나가 상어지리 옆에 딱 붙어 있는 곰치고에게 "그러게, 곰치공, 네가 봤지?"라며 끼어들었다. 곰치고는 내 사진으로 상어지리 무리의 정식 멤버로 인정받은 듯했다. 어쩐지 모든 게 유치하고 시시하게 느껴졌다.

"동영상도 찍었어?"

내 질문에 당황한 곰치고는 이를 드러내며 "내, 내가 너한테 먼저 물었잖아!" 하고 고함을 쳤다. 언어폭력으로 대충 얼버무리려는 것이다.

보통 남자애들이 나를 에워싸고 있을 때면 복어보나 막도미 같은 여자애들은 날치나를 비롯한 남자애들을 경멸 어린 시선으로 봤었다. 하지만 오늘은 다르다. 여자애들은 내게 하루 종일 의심의 눈초리를 보냈다.

하굣길에 오징어리가 있는 병원에 들렀다. 일주일치 일기를 보여 주기 위해서였다.

나는 내 일기를 그 자리에서 잠깐 보여 주는 정도가 아니라 일기장을 통째로 건넬 생각이었다. 그래서 일기장을 복사하기로 했다. 조금 귀찮기는 하지만, 그렇게 해야 할 것 같았다. 오징어리가 내 일기를 기다려 주고 있다면 좋겠다고 생각했다.

병원 안내 데스크 앞을 지나갈 때, 간호사 선생님이 오징어리는 재활 치료실에 있다고 말해 주었다. 재활 치료실에는 환자만 들어갈 수 있으니 병실에서 기다리라고 했다.

아무도 없는 병실은 어쩐지 소독약 냄새가 났다. 침대 옆 탁자 위에는 내가 갖다준 책 외에도 교과서며 노트, 병원 홍보물이 뒤섞여 있었다. 나는 둥근 의자에 앉아 탁자에 놓인 국어 교과서를 집었다. 특별한 이유는 없었다.

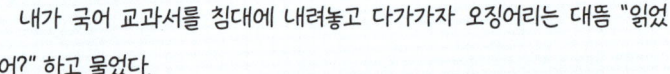

"어, 왔냐?"

열린 병실 문 앞에 목발을 짚은 오징어리가 서 있었다.

내가 국어 교과서를 침대에 내려놓고 다가가자 오징어리는 대뜸 "읽었어?" 하고 물었다.

"어? 뭘?"

"그거 읽었냐고."

오징어리는 탁자로 시선을 돌리며 또다시 물었다. 나는 허락 없이 교과서를 읽어 미안하다고 사과했지만, 교과서 이야기가 아닌 듯했다. 오징어리는 아무 말도 하지 않고 침대로 걸어와 가볍게 한숨을 쉬었다.

"뭐, 아무래도 상관없어."

침대에 걸터앉은 오징어리는 내게도 앉으라고 눈짓했다.

"아까 간호사 선생님한테 들었는데, 재수술 안 해도 된다며?"

나는 어색해진 분위기를 풀어 보려고 화제를 바꾸었다. 하지만 분위기를 수습하려는 의도가 너무 빤해서 괜히 더 어색해지고 말았다.

"이제 반년 남았나……."

갑자기 오징어리가 중얼거렸다.

"반년? 너 다음 주에 퇴원할 수 있다고 하던데?"

내 말에 오징어리는 어이없어 하는 표정으로 대답했다.

"이 바보야. 그게 아니라, 졸업까지 반년 남았다고."

오늘 오징어리는 뭔가 짜증이 나 있는 듯했다.

"이제부터 꽤 길 거다."

"무슨 말이야?"

"일기장 갖고 왔어?"

나는 가방에서 복사한 프린트를 허둥지둥 꺼냈다. 어색한 분위기 때문에 당황해서 일기를 까맣게 잊고 있었다.

"어제까지 쓴 일주일치 일기야. 재미있을진 나도 모르겠다."

오징어리는 프린트를 받아 훑어보며 "나중에 읽을게."라고 말했다.

"눈앞에서 읽으면 싫을 거 아냐?"

"아, 응……."

오징어리는 프린트를 탁자에 놓더니 "뭐야, 진짜 안 읽은 거냐?"라며 중얼거렸다.

"뭘?"

"이거 말이야."

오징어리는 그러면서 탁자에 놓여 있던 파란색 노트를 집어 들었다.

"나도 일기를 쓰기로 했거든."

나는 엄청나게 놀랐다. 오징어리가 일기를 쓴다고?

"그렇지만 내 건 그냥 개인적인 거고, 내용의 반 이상이 재활 치료에 관한 거라 너한테 보여 줄 생각은 없어."

"일기는 왜?"

"문어돌 네 얘기를 듣고 나서 그런 생각이 들었어. 재활 치료 기록이랑 졸업할 때까지의 기록을 쓰면 좋을 것 같다고."

오징어리는 분명 고등학교에 가서도 축구부에 들 테니 재활 치료실에서 하는 운동이라든지, 의사 선생님의 조언을 기록해 두면 고등학생이 된 뒤에도 도움이 될 것이다.

내 일기와는 종류가 다르지만, 매우 오징어리답다고 생각했다. 그리고 무엇보다 동지가 생긴 것 같아 기뻤다.

그나저나 오징어리는 왜 그렇게 짜증이 나 있었을까? 재활 치료실에서 무슨 일이 있었나?

병실에서 나가려는데 오징어리가 "어쨌든 앞으로 남은 반년은 정말 길 기다."라고 다시 한번 덧붙였다.

약속 9일째, 9월 15일 금요일

사실 나는 어제부터 알고 있었다. 병원에서 집으로 돌아오는 길에 나는 생각했다. 전에 소라게 아저씨가 한 말이 맞았다.

나는 알면서 모르는 척했다. 현실을 마주하고 싶지 않아서 못 본 척했다. 지금 오징어가 처한 상황, 오징어가 퇴원하고 나서 일어날 일, 오징어가 말한 '반년'의 의미를.

나는 깊이 생각하지 않은 채 애써 현실을 외면하고 있었다. 하지만 오징어리는 나와 달랐다. 오히려 피하지 않고 현실을 똑바로 바라보고 있었다.

학교가 끝나고 병원에 가니 오징어리가 침대에 앉아 내 일기를 다 읽었다고 했다.

"재미있더라. 내가 없는 교실을 몰래 엿보는 것 같고. 게다가 내가 나오는 부분도 어쩐지 이상한 느낌으로 재미있던걸. 남들 눈에 내가 어떻게 보이는지 좀 알 것 같았고."

"혹시 내가 이상한 말을 쓰진 않았어?"

"아니, 전혀! 진짜 재미있었어. 예상이 들어맞은 것도 있었고 전혀 모르던 것도 많이 있었어. 문어돌, 앞으로도 계속 네 일기를 써서 보여 주라. 적어도 중학교를 졸업할 때까진."

"네가 말한 반년 동안? 재활 치료가 많이 힘들어?"

오징어리는 한숨을 크게 쉬었다.

"너, 이렇게 일기를 쓰면서 정말 아무것도 모르는구나."

"응? 뭐가?"

그러자 오징어리는 천천히, 자세하게 설명해 주었다.

다음 주에 오징어리는 퇴원한다. 하지만 당분간 목발이 필요할 테고, 졸업할 때까지 아마 거의 운동을 못 할 거라고 했다. 그러면 상어지리와 날치나는 자신을 무시할 테고, 어쩌면 괴롭히기까지 할지도 모른다고 했다. 어차피 자신은 몸을 잘 움직이지 못하니 반항도 할 수 없을 거고, 그러니 분명 자신을 가만둘 리 없다고 오징어리가 말했다.

"뭐? 오징어리 널?"

너무 놀란 나머지 나도 모르게 목소리를 높였다. 내 일기 탓에 오징어리가 그런 식으로 생각한 걸까?

"틀림없어. 우리 반은 이미 상어지리가 왕이 됐잖아. 상어지리가 왕 노릇을 하는 데 제일 방해되는 존재는 나일 거란 말이지. 나를 구석으로 쫓아내면, 상어지리도 날치나도 졸업할 때까지 안심하고 지낼 수 있어. 이렇게 말하고 싶진 않지만, 날 '문어도리 무리'에 넣어 놀릴 거야. 마침 소라게 아저씨 일도 있었고 말이지. 나도 단체 채팅방을 계속 읽고 있거든."

나는 단체 채팅방의 메시지들을 오징어리도 읽을 수 있다는 것을 미처 알아차리지 못하고 있었다. 하지만 이제 소라게 아저씨 문제는 아무래도 상관없었다.

대신 그동안 미처 물어보지 못한 채로 남아 있었던 것, 그걸 오징어리에게 꼭 확인하고 싶었다.

나는 오징어리에게 대뜸 물었다.

"넌 왜 다시 예전처럼 나한테 친절하게 대하는 거야? 왜 갑자기 다시 '문어돌'이라고 부르고, 왜 선수 대표 선서를 같이하자고 한 거야?"

"그야 뭐, 문어랑 오징어는 친척이나 다름없잖아."

"진지하게 묻는 거야!"

"나한테 넌 내내 '문어돌'이었다고. 중학교에 올라오고 나서 서로 이야기를 거의 안 하게 된 것뿐이지."

"하지만 오징어리 넌 날……"

"그럼 나도 묻자. 넌 왜 전화 안 받은 건데?"

"전화?"

"너 학교 결석했을 때, 그때 내가 전화했었잖냐."

"뭐? 그거 너였어?"

아저씨의 껍데기 위에 누워 있을 때 두 번 걸려 온 전화. 통화 기록 맨 위에 줄곧 남아 있던 그 전화번호…… 그건 오징어리의 전화번호였다.

"너 설마 내 번호 저장 안 했냐?"

나는 오징어리의 전화번호를 몰랐다. 저장해야겠다는 생각조차 없었다. 조개폰이 생겼을 때는 이미 관계의 실이 끊어진 줄 알았고, 오징어리에게 직접 묻기에도 늦었다고 생각했다.

"미안……"

스스로가 한심하고 창피해서 눈물이 뚝뚝 떨어졌

다. 오징어리를 오해한 건 나였다. 우리 둘 사이를 멀어지게 한 것도 나였던 것이다.

"사과 안 해도 돼. 나도 날치나 계획에 동조해서 이것저것 한 짓이 있으니까. 게다가 맨 처음 병문안 와 준 애는 문어돌 너였잖냐. 그것도 너 혼자서 말이야. 내가 얼마나 대단하다고 생각했는데. 만약 내가 네 입장이었으면 난 분명 혼자 못 왔을걸."

"난 그냥……. 네가 걱정되니까."

"그래서 나도 결심한 거야. 반 애들이 뭐라고 생각하든, '문어돌 무리'에 들어가 보기로."

오징어리는 웃으며 그렇게 말하고는 붉어진 눈을 비볐다.

"그렇지만 앞으로 반년 동안 정말 힘들 거야. 특히 넌 지금보다도 더 괴롭힘을 당할 거야. 소라게 아저씨 일도 있고 말이지. 아저씨랑 사진 찍히고 나서는 어떻게 됐어?"

나는 선생님들은 아직 모른다고 말해 주었다. 날치나와 꽁치고가 자꾸 내게 뭐라 집적거리긴 하지만 SNS도 이제는 많이 잠잠해졌다. 이대로라면 아저씨가 붙잡혀 가는 일도 없을 것이다. 그래서 내일 새 껍데기를 찾으러 갈 생각이라고, 하얀색도, 분홍색도 아닌 껍데기를 찾아볼 생각이라고 설명했다.

"그렇지만 넌 괜찮겠어? 나랑 같이 있으면 애들한테 바보 취급 당할 텐데 그래도 돼?"

"일기를 쓰면 된다며? 3년 뒤엔 전부 웃으면서 읽을 수 있게 된다고 소라게 아저씨가 그랬다며. 그럼 그때까지 어쨌든 일기를 쓰고 '웃음의 씨앗'이나 열심히 뿌리면서 살면 되잖아. 반년이든, 3년이든. 별거 아냐. 내 재활 치료하고 마찬가지야."

"오징어리 넌 3년 뒤에 웃을 자신 있어?"

"당연하지."

오징어리는 얼굴을 들고 말했다.

"그 정도도 못 하면 중학생 따위로 어떻게 살겠냐?"

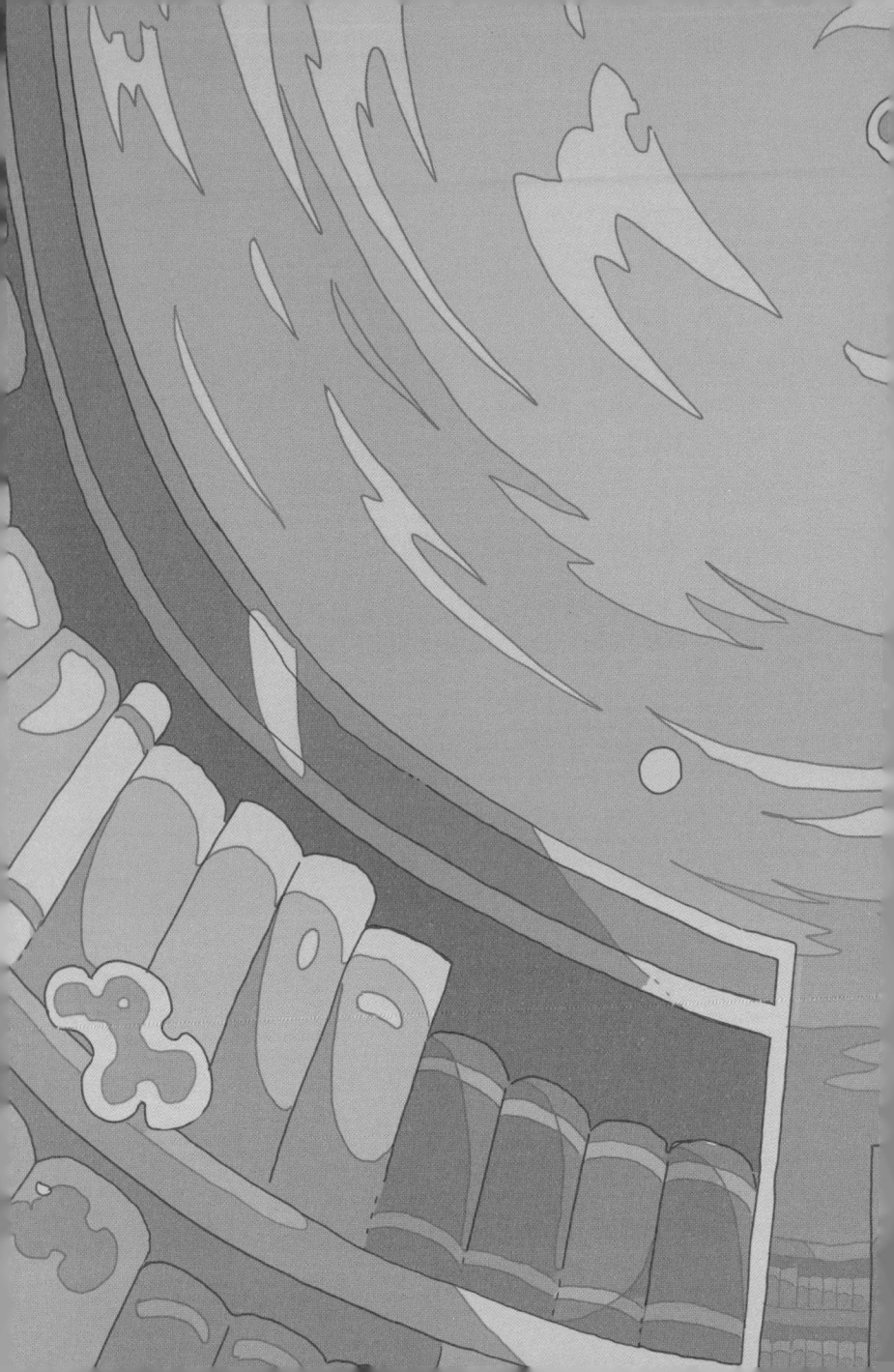

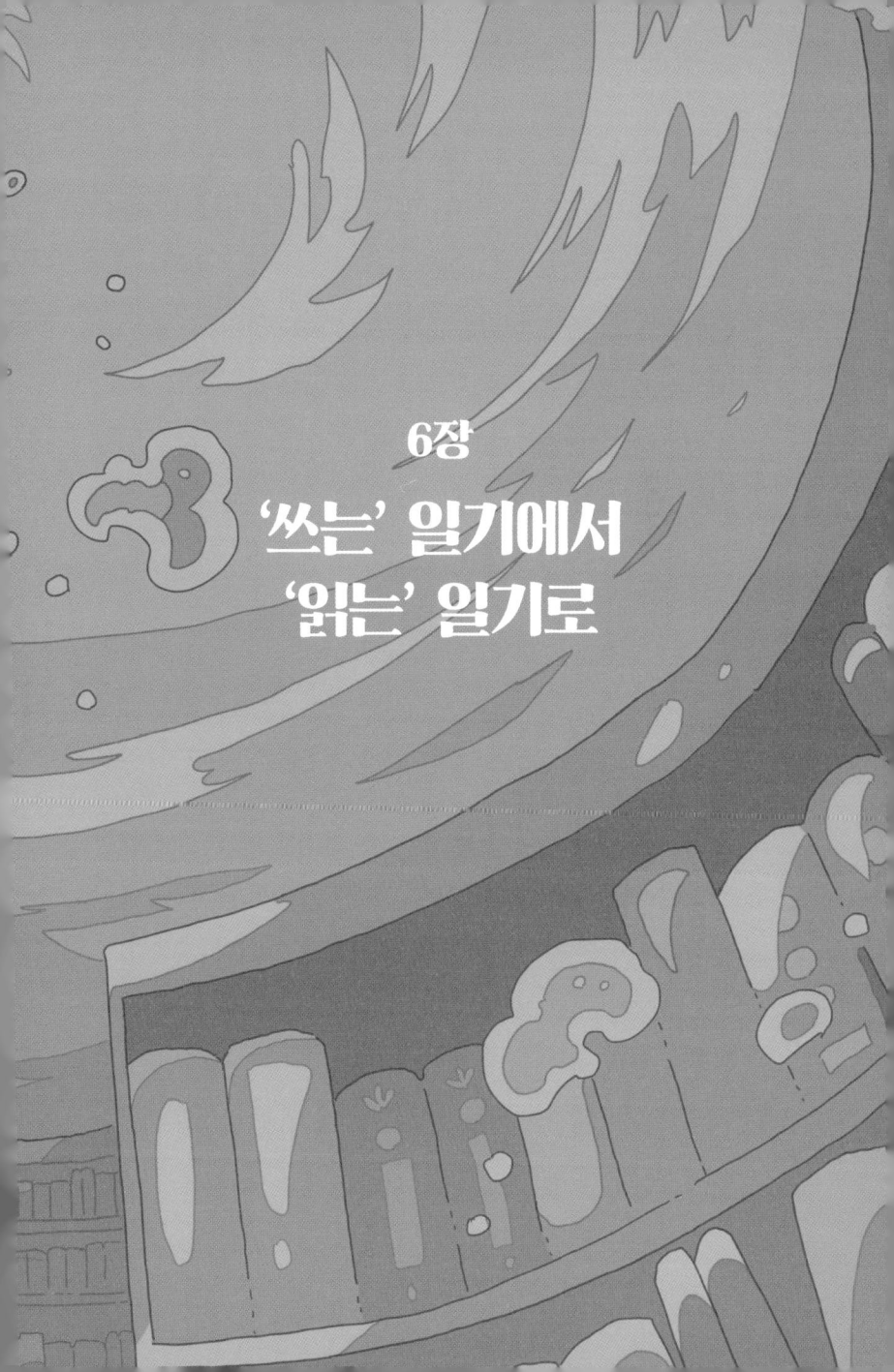

6장
'쓰는' 일기에서 '읽는' 일기로

일기를 계속 쓰게 하는 힘

"오징어리는 강한 친구구나."

소라게 아저씨가 내 일기를 다 읽은 뒤 말했다.

"네, 자랑스런 친구예요."

나는 뽐내듯 가슴을 폈다.

"그래. 문어도리 넌 처음에 진정한 친구가 한 명도 없다고 했지만 사실 오징어리가 네게 그런 친구였던 거야."

"네, 저한테도 아주 오래전부터 진짜 친구가 있었던 거예요."

"그래, 정말 멋진 친구야. 부럽기까지 한걸."

아저씨는 바닷속 시민 공원의 바닷말 덤불 속에 숨어 있었다. 이날 아저씨는 어느 수풀로도 가자고 하지 않았다. 이제는 밖을 돌아다니는 것조차 쉽지 않은지, "오늘은 오랜만에 아저씨 집에서 이야기할까?"라고 제안했다. "분홍색 껍데기 집에 들어가는 건 처음이지?" 하고 웃으면서 말이다.

분홍색 껍데기도 이전의 하얀 껍데기처럼 바다보다 넓었다. 다만 지난번 집과는 달리 창문이 몇 개 나 있어 빛이 비쳐

들었다.

"이번 집은 창문이 많네요."

"뭐, 말이 좋아서 집이지, 실은 아저씨 머릿속이니까. 어쨌든 지금은 상황이 상황인 만큼 나도 조금은 바깥을 경계하는 게 아닐까 싶다. 주변 소리를 놓치지 않고 들을 수 있도록."

아저씨처럼 내내 긴장하고 지내려면 피곤할 것 같다. 이게 다 곰치고가 찍은 사진 탓이다. 어째 아저씨에게 죄송했다.

"만년필도 잊지 않고 사용해 주는구나. 그리고 내용도 점점 다양해지고 있어. 뭔가를 의식하면서 썼을까?"

"음, 그건 아닌데요, 1분 동안 있었던 일을 한 시간처럼 쓰는 건 역시 아직 어렵긴 해요. 게다가 곰치고가 SNS에 아저씨와 제 사진을 올린 날엔 곰치고 욕을 잔뜩 쓰고 싶었는데, 아저씨 말씀대로 과거의 감정처럼 '~라고 생각했다.'라 쓰려고 노력했어요."

"그렇게 써 봤더니 어떻던?"

"뭐랄까, 말이 멈추면서 감정이 따라 멈추는 느낌이었어요. '바보, 바보!'라고 계속 썼으면 아마 감정이 멈추지 않았을 거예요. 그런데 '바보 같은 녀석이라고 생각했다.'라고 썼더니 거기서 멈추고 더 이상 폭주하지 않더라고요."

"그래, 좋은데. 또 다른 점은?"

"하나부터 열까지 다 쓰지 않아도 되니까 편했어요. 아침부터 있었던 일을 차례대로 안 써도 어느 특정한 장면만 쓰면 된다고 생각하니 재미있어졌어요."

"그거 정말 다행인데. 오징어리하고 약속한 대로 졸업할 때까지 계속 쓰면 좋겠구나."

"제가 계속 이렇게 일기를 쓸 수 있을까요?"

"혹시 지금까지 뭔가 배우러 다닌 적이 있냐?"

"초등학생 때 몇 번요. 주산이랑 피아노, 그리고 풋살도 배우러 다닌 적 있어요."

"오래 다녔어?"

"아뇨. 피아노는 반년 만에 그만뒀고 풋살은 세 번 가고 그만뒀어요. 졸업할 때까지 계속한 건 주산뿐이에요."

"왜 주산은 계속할 수 있었을까?"

"으음, 성격에 맞았나?"

"아저씨 생각엔, 뭔가를 계속하려고 할 때, 우리 마음을 지탱하는 건 성장하고 있다는 실감이 아닐까 하거든."

"성장하고 있다는 실감요?"

"그래. 할 수 있는 일이 많아지고 더 잘하게 되면서, 어제는 할 수 없었던 일을 오늘은 할 수 있게 됐다는 실감. 그런 실감이야말로 뭔가를 계속할 수 있는 힘이 아닐까 싶구나."

생각해 보니 피아노나 풋살은 아무리 노력해도 잘 안 돼서 조바심과 싫증이 났다. 반면에 주산은 하면 할수록 결과가 눈에 보였다. 검정 시험도 있었고 상장도 받았다.

"알 것 같아요. 주산은 진짜 그랬어요."

"그런 의미에서 일기도 전보다 잘 쓰게 됐다거나 즐겁게 쓸 수 있게 됐다거나 하는 성장이 느껴지면 계속하기 쉽겠지?"

"네, 맞아요."

"그런데 글쓰기는 성장하고 있다는 걸 느끼기 아주 어렵단 말이지. 피아노처럼 어떤 곡을 칠 수 있게 됐다는 것도 없고,

주산처럼 검정 시험도 없어. 풋살처럼 이기고 지는 것도 없지. 게다가 일기를 읽는 사람은 오로지 자신뿐이라서 누가 칭찬해 주지도, 점수를 매기지도 않아."

"그래서 다들 일기를 오래 못 쓰는 거예요?"

"그렇겠지. 성장을 실감 못 한 채 그저 계속 쓰기만 하니까."

"그럼 저도 오래 못 쓸 것 같아요."

"아냐, 괜찮을 거다. 넌 이미 일기를 계속 쓸 수 있는 답을 알고 있어. 처음에 약속했잖냐, 일단 열흘만 써 보자고. 그게 내가 내린 답이란다."

서로를 이해한다는 건

"열흘 동안 쓰는 게 답이에요?"

"그래. 네가 일기를 쓴 지 지금 9일째지?"

"네, 오늘 저녁까지 쓰면 약속했던 열흘이 돼요."

"그럼 오늘까지 써 보렴. 다 쓰고 나면 알 수 있으니까."

소라게 아저씨는 이야기를 더 할 생각이 없어 보였다. 아저씨가 먼저 이야기를 꺼냈으면서…… 이건 반칙 아닌가?

"어째 납득하지 못 하겠다는 표정이구나."

"당연하죠! 간식을 보여 주곤 도로 뺏는 것 같은 일이라고요. 전 '얼른 먹어야지!' 하고 생각했는데. 그리고 방금처럼 해 보면 알 거라는 식은 좀 아닌 것 같아요. 저한테는 말을 너무 빨리 정하지 말라고 해 놓곤, 오히려 아저씨가 말을 갖고 게으름 피우려고 하잖아요."

"아, 그래, 그건 네 말이 맞다."

아저씨는 멈춰 서서 허공을 올려다보며 고개를 끄덕였다.

"그러게. 방금 그건 아저씨가 잘못했다. 말을 갖고 게으름을 피웠어. 지적해 줘서 고맙다."

"아, 아뇨. 고맙단 말까지 들을 건 아니고요."

"좋아. 지금부터 아저씨가 일기를 계속해서 쓰는 방법을 내 나름대로의 말로 표현해 볼까 하거든? 괜찮다면 들어 줄래?"

"네, 물론이죠."

그러자 눈앞에 커다란 말 거품 덩어리가 나타났다. 머리 위

에서는 수많은 말 해파리들이 순식간에 대기하고 있었지만 이제는 놀라지 않았다. 이 거품이 모두 사라질 때까지 아저씨와 이야기를 나누는 것이다.

"아저씨가 아까 너한테 마치 너 혼자 알아서 하라는 것처럼 쓰고 나면 알 수 있다고 했지? 물론 대충 얼버무리려는 뜻은 없었어. 정말로 열흘 동안 쓰면 알게 될 테고, 써 봐야 비로소 이해할 수 있는 부분도 있거든. 말로 이러쿵저러쿵하는 것보다 직접 써 보는 게 더 간단할 거라고 생각한 거야."

"저도 그럴 거라고 생각은 해요."

"문제는 이 '간단하다.'라는 사고방식이란다. 예를 들어 지금 우리는 서로 대화를 하고 있지? 말로 소통하면서 서로를 이해하려고. 그렇지?"

"네."

"그런데 대화를 통해 서로를 이해하기 위해선 두 가지 노력이 필요하단다."

"어떤 노력이요?"

"첫째는 상대방을 이해시키려는 노력. 내 말을 상대방이 이해할 수 있도록 보다 공들여서, 그러면서도 간결하게, 적절한 어휘나 표현을 선택해서 순서대로 말하는 거야. 이런 노력은 대화를 할 때도, 그리고 글을 쓸 때도 게을리해선 안 돼."

"네"

"둘째는 상대방의 말을 이해하려는 노력이야. 상대방이 하는 말을 귀 기울여 듣고, 머리를 써 가면서 부족한 부분은 스스로 보완해서 이해하려고 노력해. 이건 책을 읽을 때도 마찬가지야."

"아, 그러네요. 멍하니 글자만 읽어 봤자 머릿속에 남는 건 없을 테니까요."

"상대방을 이해시키려는 노력과 상대방의 말을 이해하려는 노력. 마치 상대방에게 다가가 손을 내밀어 악수하는 것처럼, 이 두 노력이 있어야 비로소 서로를 이해할 수 있어."

"그렇겠네요. 한쪽이 꼼짝도 하지 않는다면 악수 자체를 할 수 없으니까요."

"그래. 아까 아저씨가 딱 그랬지. 모처럼 문어도리 네가 날 이해하려고 다가왔는데, 난 한 발짝도 움직이지 않고 손만 내밀고 있었던 거야."

"악수하고 싶으면 상대방한테 더 가까이 다가가라, 이런 뜻이에요?"

"결과적으로 그렇지. 그러니까 문어도리 네가 눈앞의 간식을 뺏긴 기분이 든 것도 당연해."

"그렇지만 그렇게 들으니까 서로 이해한다는 게 엄청 어려운 일 같은데요."

"그야 혼자서 노력한다고 되는 일이 아니니까."

"저는 반 애들하고도 그렇고, 아버지 어머니와도 서로 이해하지 못하는 것 같아요. 손도 닿지 않는 곳에서 악수하는 척만 하는 것 같달까요?"

"너만 그런 게 아닐 거다. 그렇게 악수하는 척만 하는 게 오히려 평화롭고 말이지."

"평화롭다고요?"

"그래. 예를 들어, 내 말은 들을 생각도 하지 않고 무시하면서 날 이해할 생각이 전혀 없는 상대방한테 '그래, 내가 어떻게든 이해시켜 주마!' 하는 마음으로 억지로 들이대면 싸움으로 번지기 쉽거든. 싸움은 쌍방의 '이해시켜 주마!'가 서로 충돌하는 상태니까."

"아, 그러네요! 그래서 말싸움이 생기는 거군요.."

"그러니까 만약 네가 자연스럽게 다가가서 악수를 건넬 수 있는 누군가를 발견했다면, 그건 '절친'이라고 부를 수 있지 않을까?"

나에게 오징어리는 절친한 친구일까? 그리고 오징어리에게 나는 절친한 친구일까?

'절친'이라는 표현은 좀 과한 것 같지만, 오징어리와 악수하는 모습은 자연스럽게 떠올릴 수 있다.

"그리고 말이다……."

아저씨가 사뭇 진지한 투로 말했다.

"이 이야기는 매일 쓰는 일기에도 똑같이 적용된단다."

그저 쓰고 버려지는 일기라면

"일기에요? 절친 이야기가요?"

"아니, 그게 아니라 내 말을 상대방에게 이해시키려고 노력하는 것 말이야. 아저씨가 모든 글에는 독자가 있다고 여러 번 말했지? 개인적인 일기나 메모에도 반드시 독자가 있는 법이라고."

"네. 그랬어요."

"물론 아직 이해가 잘 되지 않는 부분도 있을 거야. 나 혼자 쓰는 일기에도 결국 '미래의 자신'이란 독자가 있다는 이야기가 머리로는 이해가 돼도, 실제로 실감하기란 쉽지 않으니까."

"맞아요. 솔직히 아직 잘 모르겠어요. 뭐, 제 일기엔 아저씨랑 오징어리란 독자가 있긴 하지만요."

"그런데 만약 독자가 한 명도 없는 일기가 존재한다면 어떻게 될까? 쓴 사람도 다시 읽지 않고, 그 누구도 읽지 않는 일기. 그저 쓰고 버려지는 일기가 있다면?"

"으음, 대부분의 일기가 그런 일기일 것 같은데요."

"그런 일기를 쓸 땐, 상대방을 이해시키려는 노력을 할 필요가 없어지겠지?"

"네……. 아아!"

"일기장 저편에, 내 일기를 읽어 주거나 내 감정을 전달해야 할 상대방이 없으면 누구도 이해시키려고 노력할 필요가 없으니까 결과적으로 그저 자기감정만 토해 내는 일기가 되고 말아. 결국 흐름조차 없는 무성의한 글이 되어 버리는 거지."

"무슨 말인지 너무 잘 알겠어요! 저도 작년에 노트에 쓴 적이 있었거든요. '젠장, 젠장!'이라든지 '다들 너무 싫어! 싫어 죽겠어! 전부 없어져 버려!' 하면서 온갖 감정을 마구 갈겨 썼어요. 글이라고 할 수도 없는 불평불만을 잔뜩……."

"지금 네가 말한 것처럼, 그건 그야말로 아무렇게나 휘두르는 언어폭력에 가까워. 심해지면 다른 사람뿐 아니라 자기 자신을 향하게 되기도 하고."

"……네."

작년에 본격적으로 괴롭힘을 당하기 시작했을 때, 나는 노트에 여러 가지를 잔뜩 갈겨 썼다. 날치나를 비롯한 반 애들의 욕을 하는 것도 모자라 사라지고 싶다느니, 왜 문어로 태어난 거냐느니 하면서 자책했다.

그렇게 나 자신을 책망하는 말을 수없이 쏟아 내던 밤이 계속됐다.

"그렇지만 일기장 저편에 독자가 있다고 생각하면, 그 독자가 날 이해할 수 있도록 조금이라도 노력하지 않을까? 감정에 지나치게 치우치지 않을 거고, 말의 가성비를 따지지도 않게 될 거고, 우리는 독자가 나를 이해해 주길 바라기 때문에 감정을 차분히 정리하고 말도 공들여 고르게 될 거다. 그렇게 노력하는 동안 말의 펜촉은 점점 가늘어지고 색연필의 종류도 풍부해질 거야. 모든 게 독자들이 나를 이해해 주었으면 하는 바람에서 비롯되는 거란다."

"그럼 우리가 글을 쓰는 건, 누가 이해해 주길 바라서예요? 나를 이해해 줬으면 해서요?"

내가 묻자 말 해파리들이 '뱅글뱅글' 속에 뛰어들어 말 거품을 꺼내 머리 위 상공으로 운반하기 시작했다.

"자, 점점 답에 가까워지는구나. 나를 이해해 주길 바라서 글을 쓴다, 그건 '우리는 왜 글을 쓰는가?'란 물음에 대한 명확한 답 중 하나란다."

비밀스런 기록에서 비밀스런 읽을거리로

우리는 누가 자기를 이해해 주기를 바라는 마음으로 글을 쓴다.

생각해 보면 나도 줄곧 그래 왔다. 부모님, 선생님, 그리고 학교 친구들이 나를 이해해 주면 좋겠다고 생각했다. 내가 여기 있다는 것을, 내게도 마음이 있다는 것을, 나도 여러 생각을 한다는 것을 알아주기를 바랐다.

"우리는 뭘 그렇게 알아주길 바라는 걸까?"

"저 자신요. 제가 여기에 있다는 걸요."

"그럼 문어도리 넌 누가 알아주길 바라는 서지?"

"모두가요. 아버지랑 어머니, 날치나랑 곰치고, 그리고 게게 선생님도요."

"그 외에는 더 없어?"

"잘은 몰라도, 아마도요."

"아저씨는 말이지, 일기를 쓰고 나서야 깨달았어. 결국 나를 가장 알아주길 바랐던 상대는 바로 나 자신이었다는걸."

"아저씨 자신요?"

"그래. 일기를 쓰는 건 바로 '나'야. 그리고 일기를 읽는 것도 '나'지. 그러니까 이해해 주기를 바라며 일기를 쓰는 '나'와 그 일기를 읽으면서 이해하려고 하는 '나'가 있는 거야. 전하고 싶은 나와 알고 싶은 나. 이 두 명의 '나'가 존재하는 게 일기의 재미있는 점이란다."

"두 명의 '나'……."

"일기 쓰기는 그 둘이 서로를 이해하는 과정이야. 다시 말해 서로 다가가서 악수하는 거지."

"이해가 안 돼요. 제가 저 자신과 어떻게 악수를 해요?"

"처음 며칠 동안은 일기를 '비밀스런 기록'처럼 쓰게 될 거야. 이때를 견뎌야 해. 누가 칭찬해 주거나 점수를 매기지도 않으니 성장하고 있다는 게 실감 나지 않을 테니까. 그렇게 혼자 묵묵히 노트에 열흘쯤 계속 써 내려가다 보면, 어느새 일기는 차츰 '비밀스런 읽을거리'로 변해 가거든."

"비밀스런 읽을거리……."

"그래. 그저 비밀스런 기록이었던 일기가 어느새 비밀스런 읽을거리가 되는 거야. 아무도 모르는, 세상에 단 한 권뿐인 읽을거리가."

"책처럼 된다는 뜻이에요?"

"그렇지. 일기란 쓰는 게 아니라 오랜 시간 공들여 키우는 것이거든. 그러니까 하루 이틀이 아니라 최소한 열흘 정도는 써야 비로소 일기가  된단다. 던전을 여는 문이 돼 줄 수 있는 일기 말이야."

"그럼 아저씨가 열흘 동안 쓰면 알 수 있다고 한 건……."

"오늘 저녁에 일기를 쓰고 나서 첫날 일기부터 다시 읽어 보렴. 분명히 비밀스런 읽을거리가 돼 있을 거다."

뒷이야기가 궁금하니까

일기는 공들여 키우는 것, 비밀스런 기록에서 시작해 이윽고 비밀스런 읽을거리로 모습을 달리해 간다는 것. 이제야 일기라는 불가사의한 존재의 정체를 알게 되었다.

"어때? 이제 이해가 좀 되니?"

"네, 아주 잘 알겠어요. 그런데요, 쓰는 나와 읽는 나, 이렇게 두 명이 있다면 아저씨는 일기를 '쓰는 나'와 '읽는 나' 중 지금 어느 쪽이에요? 어느 쪽이 더 강해요?"

"음, 처음 석 달 정도는 한결같이 쓰기만 했단다. 그냥 '쓰고 싶으니까 쓴다.'라는 느낌이었어. 친구 욕을 쓸 때도 있었고, 좋아하는 만화의 감상을 쓰기도 하고, 하루하루 살면서 생기는 고민을 쓰기도 하고."

"네."

"그런데 한 석 달 지나면서부터는 '읽고 싶으니까 쓴다.'로 생각이 바뀐 것 같단 말이지. 그러니 지금은 완전히 '읽는 나' 쪽이겠구나."

"'읽고 싶으니까'요?"

"지금 내 기분을 글로 써 줄 수 있는 건 나밖에 없잖냐? 오늘의 재미있었던 일을 써 주는 것도, 방금 생각난 아이디어를 써 줄 수 있는 것도 나밖에 없어. 그

렇지? 아저씨는 그게 읽고 싶은 거야. 내가 쓴 걸 나중에 다시 읽어 보고 싶어. 그게 얼마나 근사한 보물이 되는지 아니까. 그럼 스스로 쓰는 수밖에 없어. 계속해서 쓰는 수밖에 없어. 당연한 일인 거야."

"아저씨가 글을 잘 쓰니까 읽고 싶어지는 게 아니고요?"

"전혀. 내가 나를 위해 쓰고 있다는 게 중요한 거야."

"어째서요?"

"일기를 나중에 다시 읽으면 그때의 자신을 돌아보게 되잖냐? 일기엔 당시의 기쁨이나 고민이 그려져 있어. 지금 봐도 가슴이 아릴 정도로 심각한 고민이지."

"네."

"그걸 읽다 보면, 니도 모르게 일기장 속 고민하는 과거의 자기 자신을 응원하게 돼. '힘내라, 지지 마!' 하면서. 좀 뭐하면 지난번에 말했던 것처럼 일인칭인 나를 삼인칭으로 바꿔 봐. 그러다 다음 날 일기로 넘어가면 더 우울해하는 과거의 자신이나 어떻게든 해결해 보려고 조금씩 움직이기 시작하는 자신이 나오지. 어쩔 땐 어제의 고민은 잊어버린 듯 보이는 자신이 있을 수도 있고. 그럼 그다음 날, 또 그다음 날은 어떨까? 자, 지금 이 상황. 뭔가와 비슷한 것 같지 않니?"

"어…… 글쎄요. 뭐죠?"

"좋아하는 만화 시리즈의 다음 권을 기다리는 기분 말이야. '뒷이야기를 읽고 싶다!', '이다음 주인공은 어떻게 되지?' 하고 기다려지는 거. 그런데 이 뒷이야기를 써야 하는 건 문어도리 너 자신이거든. 다시 말해서 몇 달, 몇 년씩 일기를 쓰다 보면 우리는 자기 일기의 팬이 되는 거야. 그래서 뒷이야기가 궁금하니까, 계속 쓰게 되는 거란다."

모든 것은 잊고 나서부터 시작돼

"그럼 아저씨는 왜 일기 쓰는 기간을 열흘로 정한 거예요?"

"그야 원래는 몇 달, 몇 년이고 계속 쓰기를 바라지. 하지만 느닷없이 그렇게 오랫동안 쓰라고 하면 너무 까마득하잖냐? 그렇다고 일주일은 또 너무 짧고. 딱 열흘 정도가 일기가 맨 처음 성장하게 되는 단계야."

"왜요?"

"열흘이면 잊어버리니까."

"네? 잊어버려서라고요?"

"그래. 대개 열흘 정도 지나면 첫날 기억이 희미해진단다. 잊어버린 다음, 다시 읽어 보기에 비로소 일기는 비밀스러운 읽을거리가 돼. 생각해 보렴. 어제 쓴 일기는 토씨 하나 안 빠뜨리고 전부 기억나니까 다시 읽어 봐도 영 재미가 없어. 재미없는 정도가 아니라 전부 지우고 새로 쓰고 싶어진다니까?"

소라게 아저씨는 이렇게 말하며 호쾌하게 웃었다. 나도 덩달아 웃으며 첫날 일을 떠올려 봤다. 첫날, 나는 일기에 뭐라고 썼더라? 어제 쓴 일기는 확실하게 기억나는데 열흘 전에 쓴 일기는 정말 기억이 잘 나지 않았다.

"진짜 그러네요. 첫날 쓴 일기는 거의 기억이 안 나요."

"그럼 지금 다시 읽어 볼래?"

아저씨가 나에게 일기장을 내밀며 말했다.

"아뇨, 원래대로 이따 밤에 열흘째 일기를 쓴 뒤 읽을래요. 아니 어쩌면…… 체육 대회가 끝난 다음에 읽을지도요. 아저씨 이야기를 듣고 났더니 기억이 더 희미해졌으면 하거든요."

"그러게. 잊어버린다는 건 아주 좋은 일이야. 우리는 앞을 보며 나아가지. 새로 일어난 일을 받아들여 새 기억으로 마음을 채우고 낡은 기억을 지워 가. 풍경도 기억도 흘러가. 그게 앞으로 나아간다는 거야."

나는 왠지 조금 쓸쓸한 기분이 들었다. 이 순간 길이 나뉘는 듯, 앞으로 두 번 다시 만나지 못할 것만 같은, 다시 혼자로 돌아갈 것 같은…… 그런 쓸쓸한 기분이 차가운 바닷물처럼 가슴을 훑고 지나갔다.

"아저씨도 언젠가 절 잊어버리려나요?"

"넌 어때? 너는 아저씨를 잊을 것 같냐?"

"아니요. 안 잊을 거예요. 아니, 못 잊어요."

"그럼 아저씨는 계속 네 마음속에 있을 거다. 혹시나 네가 잊더라도, 아저씨는 네 일기 안에 늘 있어. 중학교 3학년 여름에 아저씨가 여기 있었다는 사실. 이 방에서, 산호 수풀에서, 깊은 바닷속에서 우리가 함께 나눴던 대화는 영원히 사라지지 않아. 그걸로 충분하지 않을까?"

"네."

"혹시 일기를 더 이상 쓰지 않게 되거나 일기를 쓰는 게 괴로워지면 이 봉투를 열어 보렴."

아저씨가 나에게 끈으로 묶은 물빛 봉투를 건넸다.

"이건 뭐예요?"

"그건 그때 가서 직접 확인해 보고. 아, 이것도 말을 갖고 게으름 피우는 거려나? 하하!"

그때 머리 위를 헤엄치던 푸른 말 해파리들이 새빨갛게 변하더니 몸부림치기 시작했다. 폭풍이 부는 것처럼 바닷물이 거칠어지면서 방 전체가 덜컹덜컹 흔들렸다.

"왔구나."

아저씨가 일어서더니 나에게 소리쳤다.

"문어도리, 아직 늦지 않았으니까 넌 뒷문으로 나가. 아저씨는 괜찮으니까, 어서!"

문어도리의 일기
약속 10일째, 9월 16일 토요일

오늘은 쓸 말이 아주 많다. 아직도 흥분이 가시질 않는다. 오늘, 점심시간 전에 공원으로 소라게 아저씨를 만나러 갔다. 바닷말 덤불 속에 숨은 아저씨를 찾느라 조금 애먹었다. 아저씨는 껍데기 안으로 나를 불렀다.

오늘로 일기는 약속한 열흘째를 맞이한다. 아저씨는 일기 쓰기를 계속하는 법은 열흘 동안 쓰면 알 수 있다고 말했다. 내가 그런 식으로 말하는 건 아닌 것 같다고 말하자 아저씨는 순순히 사과했다. 어른에게 직접 사과를 받은 건 처음일지도 모른다.

아저씨는 또 뒷이야기가 궁금하니까 일기를 쓴다고 했다. 일기를 오래 쓰다 보면 나도 그렇게 될 것이라고. 정말로 그런 날이 올까? 나는 아직 잘 모르겠다.

대화가 끝나 갈 무렵, 말 해파리들이 새빨갛게 물들더니 빙글빙글 돌기 시작했다. 붉은색 경고. 위험 신호였다.

아저씨는 내게 당장 밖으로 나가라고 소리쳤다. 난 아저씨와 이곳에 남겠다고 했지만 아저씨는 매서운 눈빛으로 "됐으니까 어서!"라고 소리쳤다. 지금 생각하면 그 상황에서 내가 남아 할 수 있는 일은 아무것도 없었다. 말 해파리의 안내에 따라 나는 껍데기 등 쪽을 통해 밖으로 피했다.

덤불에 숨어 광장을 살펴보니, 배지 달린 모자를 쓴 경찰관들이 큰 그물을 든 채 돌아다니고 있었다. 상어, 혹동, 무당게와 주위에는 가시복도 헤엄치고 있었다. 경찰관들은 하나같이 우락부락하고 강해 보여 도무지 당할 수 있을 것 같지 않았다.

"문어도리, 어서 도망쳐라."

껍데기 틈 사이로 아저씨가 속삭였다.

아무것도 잘못한 게 없는데 왜 도망쳐야 하지?

물론 거짓말을 하고 학교를 빠지기는 했지만, 아저씨의 누명은 나만 벗길 수 있다. 내 일이다. 나는 껍데기 뒤에 숨어 경찰관들의 움직임을 꼼짝 않고 지켜봤다. 그때였다.

갑자기 상공에서 삐빅! 하고 경보음이 들렸다.

"서쪽 덤불에서 분홍색 소라게 껍데기 발견! 지원을 요청한다!"

위를 올려다보니 저 높이 해파리 경찰관이 헤엄치고 있었다. 말 해파리와는 비교가 안 될 만큼 큰 해파리였다.

"이러다 아저씨가 잡혀가겠어!"

다시 생각해도, 내가 왜 그런 행동을 했는지 잘 모르겠다.

나는 소라게 아저씨가 있는 껍데기를 끌어안고 헤엄치기 시작했다.

"문어도리! 그만둬라! 어서 내려놔!"

아저씨의 말을 무시하고 무작정 헤엄쳤다. 어디로 가면 좋을지 짐작도 가지 않았다. 이렇게 해 봤자 얼마 못 가 금세 붙잡힐지도 모른다는 생각이 스쳤

지만, 나는 기를 쓰고 헤엄쳤다.

"이 녀석이! 거기 서!"

"당장 멈추라고!"

뒤에서 목소리가 여럿 들려왔다. 안 그래도 운동을 못하는데 아저씨의 껍데기까지 안고 헤엄치려니 여간 힘든 게 아니었다. 상어 경찰관도 있어서 곧 따라잡힐 게 분명했다. 게다가 이렇게 도망간 것 때문에 아저씨가 나중에 붙잡히게 된다면 불리해질지 모른다는 생각이 들었다.

'내가 지금 뭐 하고 있는 거지?'

'이제라도 포기할까?'

'이 정도 했으면 아저씨도 이해해 주지 않을까?'

이런 생각을 하며 눈을 감았는데…… 갑자기 들고 있던 껍데기가 훅 가벼워졌다. 이게 어떻게 된 거지?

"헉! 너희……!"

눈을 뜬 나는 눈앞의 광경에 깜짝 놀라 소리를 질렀다.

아저씨의 껍데기가 부드러운 빛에 싸여 푸르게 빛나고 있었다. 집 안에서 나온 수십 마리의 말 해파리가 분홍색 껍데기를 에워싸듯 받쳐 들고 헤엄치고 있었다. 말 해파리들은 갈 곳을 알고 있다는 듯 방향을 바꾸어 빠른 속도로 헤엄쳤다.

전에 아저씨가 그랬다. 말 거품을 운반하기 위해 태어난 말 해파리는 말을 못하는데 그 점이 아쉽다고. 하지만 말은 못해도, 내가 하는 말은 알아들을 수 있을 거다.

시야 저 너머에 붉은 산호 수풀이 보였다. 시끄럽던 경찰관들의 목소리도 이제는 들리지 않았다. 수풀 위에 다다랐을 때 나는 결심하고 말 해파리들에게 소리쳤다.

"다들 물러서!"

그러자 말 해파리들이 한꺼번에 물러섰다. 나도 아저씨를 손에서 놓았다. 그러고는 마치 영상을 느리게 재생하듯 천천히 낙하하기 시작한 아저씨에게 있는 힘껏 먹물을 뿜었다. 먹물에 놀란 말 해파리들이 팔랑팔랑 춤추었다.

분홍색이었던 아저씨의 껍데기가 새카맣게 물들었다. 흰색도 분홍색도 아닌 새카만 소라게는 이제 도망칠 수 있을 것이다.

그때, 나는 처음으로 내가 먹물을 뿜는 문어로 태어나 다행이라 생각했다. 껍데기 속에서 아저씨가 얼굴을 살짝 내밀었다. 그러더니······.

"고맙다."

물살이 너무 빨라서 아저씨의 목소리는 들리지 않았지만 입 모양으로 아저씨가 어떤 말을 했는지 알 수 있었다. 말 해파리들은 이제야 안심했는지 잇따라 아저씨의 껍데기 안으로 돌아갔다.

아저씨는 새카매진 집을 이고 깊디깊은 붉은 산호 수풀로 계속 내려갔다. 나는 급강하해 바닥에 내려섰다.

"거기 서! 이 녀석, 어디로 도망갔어?"

머리 위에서 우리를 놓친 경찰관들이 고함쳤다. 나는 돌아보지 않고 집으로 갔다.

내가 돌아가야 할 곳으로 돌아갔다.

에필로그

그다음은 의외로 싱거웠다. 그 뒤로도 소라게 아저씨를 찾는 수색이 계속됐지만 '분홍색 소라게'는 끝내 발견되지 않았다. 단체 채팅방에서도 점점 '수상한 인물' 이야기는 나오지 않았고, 교실에서도 아저씨에 관해 질문 받는 일이 줄었다.

곰치고는 상어지리 무리에 들어간 건지 아닌지 알 수 없는 애매한 분위기를 풍기며 상어지리 주위를 맴돌았다. 나는 도서실에서 시간을 보내는 일이 많아졌고 이윽고 붕장어조도 도서실에 나타나기 시작했다.

오징어리는 그다음 주 금요일, 체육 대회 이틀 전에 퇴원하게 됐다. 의사 선생님은 휠체어를 이용하라고 권했다는데 오징어리가 거절했다고 한다. 나와 게게 선생님, 그리고 학급 위원인 전어조가 병원으로 갔다. 오징어리는 우리에게 고맙다고 짤막하게 인사한 뒤 오징어리 어머니가 운전하는 차에 올라탔다. 뒷좌석에 앉은 오징어리는 나를 향해 가볍게 고개를 끄덕여 보였다.

체육 대회 당일, 개회식 입장 행진에 오징어리는 참가하지 않고, 하꽁치 보건 선생님과 함께 구호 텐트에서 우리가 행진하는 모습을 구경했다.

곁눈으로 오징어리를 보자 바로 눈이 마주쳤다. 오징어리는 맡겨만 달라는 듯한 미소를 지었다. 학부모회 회장과 교장 선생님의 개회사가 끝나고, 드디어 선수 대표 선서를 할 차례가 됐다.

선수 대표를 호명하는 소리에 나는 교장 선생님 앞으로 헤엄쳐 나갔다. 오징어리도 목발을 짚고 선생님들 사이를 헤치며 천천히 내 쪽으로 다가왔다. 한 발 한 발 나아가는 오징어리에게 학부모 관람석의 모든 시선이 집중됐다. 마침내 내 옆에 선 오징어리는 곧바로 속삭이는 목소리로 "하나, 둘, 셋." 하고 신호를 보냈다.

"선서! 우리."
"바, 바닷속 중학교…… 학생 일동은."
"평소 우릴 보살펴 주시는 가족과 선생님들께 감사드리며."
"운동을 할 수 있는 기쁨을…… 가슴에 품고."
"전력으로, 최선을 다해."

"중학생답게, 정, 정정당당히."
"끝까지 포기하지 않고 경기할 것을."
"선서합니다!"

선생님들이 일어서고 학부모들도 관람석에서 일제히 일어나 박수를 쳤다. 몸이 후끈 달아오른 상태로 나는 학생들을 돌아봤다. 반 여자애들이 내 쪽을 보며 소리 없이 박수 치는 시늉을 했다. 흥분과 기쁨에 젖어 우리 반 줄로 돌아오는데 학부모 관람석에서 언뜻 검은 소라게 껍데기가 보인 것 같았다. 검고 커다란 소라게 껍데기가 운동장 밖으로 벗어나려 하고 있었다.

체육 대회 다음 날인 월요일은 대체 휴일이었다. 더 이상 공원에서 소라게 아저씨 모습은 보이지 않았다. 바닷말 덤불에도, 울퉁불퉁한 바위 뒤에도 아저씨는 없었다.

내가 검은 껍데기를 발견한 곳은 하얀 산호 수풀 근처였다. 하지만 껍데기만 덩그러니 놓여 있을 뿐, 아저씨의 기척은 없었다. 껍데기를 뒤집어 봐도, 안으로 들어가 봐도, 바다보다 넓었던 그 공간은 없었다.

문득 나는 이 이별을 아주 오래전부터 예감했다는 생각이 들었다. 그 넓은 방 안에서 함께 이야기했을 때부터, 그리고 깊은 수풀로 낙하하는 소라게 아저씨와 눈빛을 주고받았을 때부터 알고 있었던 것 같다. 그래서인지 이상하게 눈물은 나지 않았다.

그저 좀 더 아저씨와 이야기하고 싶었다. 열흘째 일기까지 아저씨가 읽어 주기를 바랐다.

하얀 산호 수풀에서 공원으로 돌아와 보니 덤불 속에 눈에 익은 빛이 흔들거리고 있었다. 말 해파리였다. 첫날, 나를 소라게 아저씨의 껍데기 안으로 이끈 그 해파리다. 말 해파리는 기쁜 듯 빙글빙글 돌면서 또다시 나를 어디론가 안내하기 시작했다.

말 해파리가 나를 데려간 곳은 지금은 아무도 없는 초등학교 건물이었다. 우리가 졸업한 다음 해에 폐교됐다.

오랜만에 찾아간 학교는 꽤 많이 낡아 있었다. 말 해파리를 따라서, 나와 오징어리가 1년을 함께 보낸 6학년 2반 교실에 들어갔다.

칠판에 커다랗게 그림이 그려져 있었다.

"뭐냐고요, 대체!"

허탈한 웃음과 동시에 내 눈에서 눈물이 왈칵 쏟아졌다. 이런 식으로 이별하다니, 너무 멋있는 척하는 거 아닌가?

웅크리고 앉아 엉엉 우는 내 머리를 말 해파리가 부드럽게 어루만져 주었다.

"고마웠어요, 아저씨. 정말 고마웠어요."

말 해파리는 서서히 투명해지더니 그 자리에서 사라졌다.

고등학생이 된 뒤로도 나는 매일 일기를 쓰고 있다. 그 뒤로 벌써 3년이 지났다. 일기를 쓴 덕에 성격이 바뀌었다든지, 친구가 많아졌다든지 하는 일은 딱히 없다.

지금 생각해 보면, 나는 달라지고 싶었던 게 아니었다. 나는 있는 그대로의 나 자신을 좋아하고 싶었다. 일기를 계속 쓴 덕에 조금은 그게 가능해진 것 같다. 내가 지금도 일기를 계속 쓰는 것은 뒷이야기가 궁금해서다. 여기서 끝내는 게 아쉬워서다. 뒷이야기가 기대되고, 일기가 끝나는 게 아쉬운 날이 오게 되다니. 중학생 때는 생각지도 못했던 일이다.

소라게 아저씨는 이제 내 일기를 읽어 주지 않는다. 오징어리는 고등학교 입학과 동시에 큰 병원이 있는 지역으로 이사했다. 일기장 한 권을 다 쓸 때마다 복사해서 오징어리에게 보낸다. 답장은 없지만 반송되지 않는 것을 보면 잘 배달되고 있는 게 틀림없다. 그러면 됐다.

 체육 대회가 끝나고 중학교를 졸업하기까지 반년 동안 많은 일이 있었다. 정말 말도 안 되게 많은 일이 있었다. 그날 오징어리가 병실에서 말했던 것 이상으로 기나긴 반년이었다.

 오늘 오징어리에게서 큰 봉투가 도착했다. 봉투 안에 들어 있던 편지에는 일기를 매번 재미있게 읽고 있으며 새 일기를 기다리고 있고, 다리도 다 나아 다시 축구를 할 수 있게 됐다는 내용이 쓰여 있었다.
 그리고 편지 끝에는 이렇게 쓰여 있었다.
 '그때 내가 쓴 일기를 보내 줄게. 너만 괜찮다면 읽어 주라.'
 지금 내 앞에는 조금 낡은 노트가 있다. 오징어리의 병실에서 봤던 파란색 노트. 오징어리가 내게 읽었느냐며 화냈던 그 노트다. 오징어리의 일기장을 펴 보기 전, 나는 내가 중학생 때 쓴 일기를 다시 꺼내 읽기로 했다. 나는 웃다가 울다가 하며 일기를 읽었다.

   이제 오징어리의 일기장을 펴 보려고 한다.

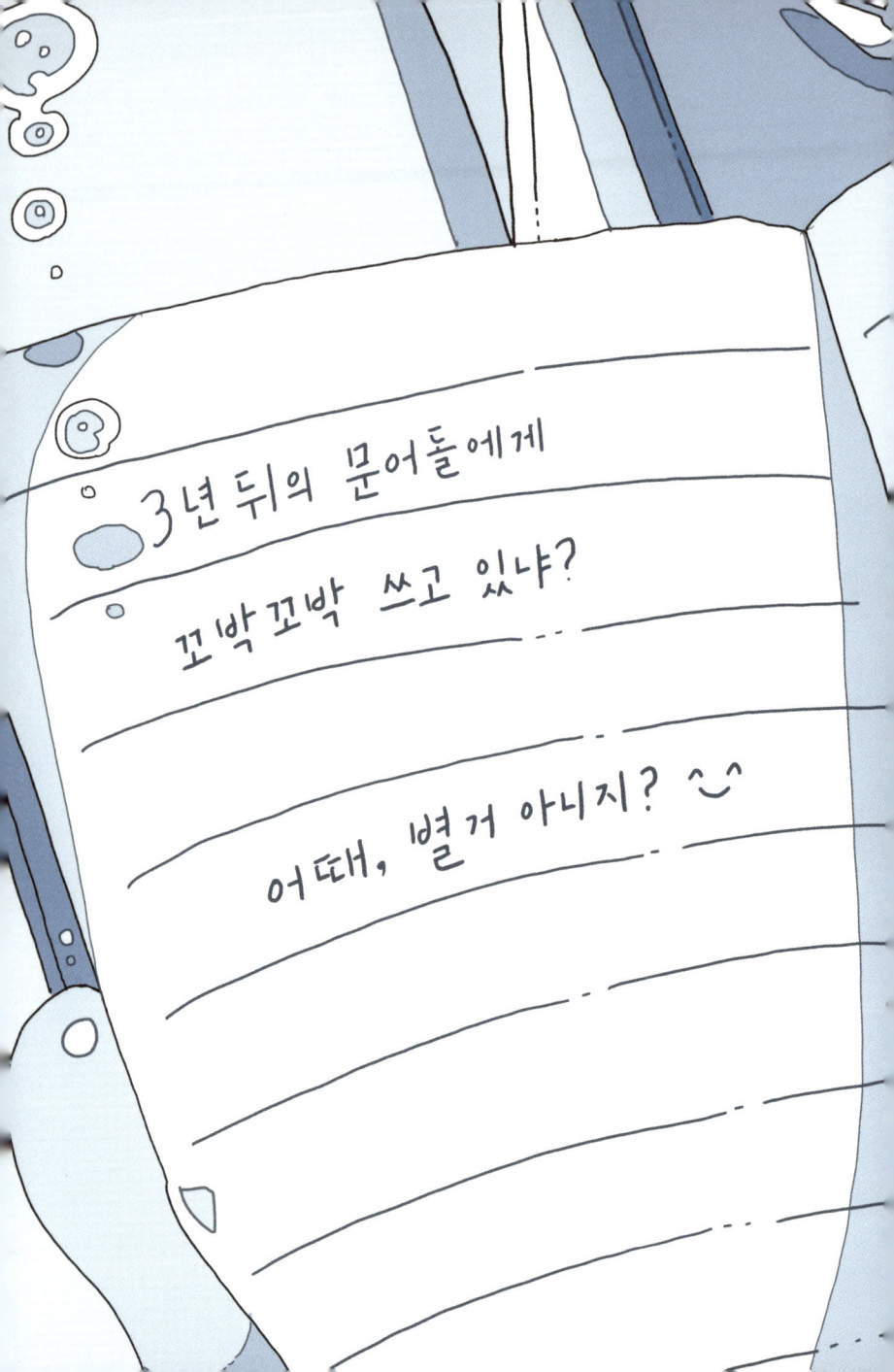

글 고가 후미타케

1973년 일본 후쿠오카에서 태어났으며 1998년까지 출판사에서 일했습니다. 저서로 《작가의 문장 수업》이 있으며, 공저인 《미움받을 용기》는 2013년 출간된 뒤 세계 40개국 이상의 나라에 번역된 베스트셀러입니다. 2014년에는 비즈니스경영 도서 저자의 지위 향상에 기여한 저자에게 주는 상인 '비즈니스서 대상 심사원 특별상'을 수상했습니다. 2021년 '배턴스 글쓰기 학교(Batons writing college)'를 열어 많은 이들에게 글쓰기에 대해 가르치고 있습니다. 다른 사람과 관계를 맺으며 살아가는 것에 대해 고민하면서, 동시에 외로움에 빠지기 쉬운 청소년들이야말로 스스로를 위한 일기 쓰기가 반드시 필요하다고 생각해 이 책을 썼습니다.

그림 **나라노**

1995년 일본 오사카에서 태어나 도쿠시마 현에 살고 있습니다. 출판, 광고, 웹 등 다양한 분야에서 일러스트레이터와 애니메이터로 일했습니다. 바다와 하늘의 푸른색과 아이들만이 지닌 순수함을 포착해 그림으로 표현하는 것을 좋아합니다.

옮김 **권영주**

서울대학교 외교학과를 졸업하고 동 대학원에서 영문학을 전공했습니다. 무라카미 하루키의 《오자와 세이지 씨와 음악을 이야기하다》, 《애프터 다크》, 《삼》, 미야베 미유키의 《세상의 봄》 등 일본 문학을 다수 옮겼으며, 일본 고단샤에서 주최하는 제20회 '노마 문예 번역상'을 수상했습니다. 이 책을 번역하면서 '일기 쓰기'만이 주는 매력과 힘에 푹 빠졌습니다.

나를 깨닫는 일기 쓰기의 힘
스스로 생각하고 싶은 너에게

글 고가 후미타케 | **그림** 나라노 | **옮김** 권영주
펴낸날 2024년 6월 27일 초판 1쇄, 2024년 9월 20일 초판 2쇄
펴낸이 신광수 | **CS본부장** 강윤구 | **출판개발실장** 위귀영 | **디자인실장** 손현지
아동문학파트 백한별, 강별, 이민주 | **출판디자인팀** 최진아, 김리안
저작권 업무 김마이, 이아람
출판사업팀 이용복, 민현기, 우광일, 김선영, 신지애, 허성배, 이강원, 정유,
정슬기, 정재욱, 박세화, 김종민, 정영묵, 전지현
CS지원팀 강승훈, 봉대중, 이주연, 이형배, 이우성, 전효정, 장현우, 정보길
펴낸곳 (주)미래엔 | **등록** 1950년 11월 1일 제16-67호
주소 서울특별시 서초구 신반포로 321
전화 미래엔 고객센터 1800-8890 팩스 541-8249
홈페이지 www.mirae-n.com

ISBN 979-11-6841-822-6 73830

책값은 뒤표지에 있습니다.
파본은 구입처에서 교환해 드리며, 관련 법령에 따라 환불해 드립니다.
다만, 제품 훼손 시 환불이 불가능합니다.

KC 마크는 이 제품이 공통안전기준에 적합하였음을 의미합니다.
사용 연령: 8세 이상